PIENSE EN SU CAMINO A LA RIQUEZA

NAPOLEON HILL

Publicado y Distribuido por:

SOUND WISDOM
PO Box 310
Shippensburg, PA 17257-0310
717-530-2122

info@soundwisdom.com

www.soundwisdom.com

ISBN 13: 978-1-64095-481-6
eBook ISBN: 978-1-64095-482-3

For Worldwide Distribution, Printed in the USA
1 2 3 4 5 6 / 27 28 25 24

CONTENIDO

Prólogo		5
Capítulo 1	Definición de propósito	7
Capítulo 2	La mente maestra	17
Capítulo 3	Personalidad atractiva	33
Capítulo 4	Fe aplicada	57
Capítulo 5	Ir más allá	75
Capítulo 6	Esfuerzo individual organizado	89
Capítulo 7	Visión creativa	103
Capítulo 8	Autodisciplina	111
Capítulo 9	Pensamiento organizado	123
Capítulo 10	Aprender de las derrotas	133
Capítulo 11	Inspiración	141
Capítulo 12	Atención controlada	149
Capítulo 13	La regla de oro aplicada	155
Capítulo 14	Cooperación	163
Capítulo 15	Presupuestar tiempo y dinero	167
Capítulo 16	El hábito de la salud	175
Capítulo 17	La fuerza cósmica del hábito	181

PRÓLOGO

Mucha gente piensa que es imposible acumular riqueza o mejorar su situación en la vida. Piensan que la riqueza es solo para aquellos con títulos universitarios, parientes ricos, talento natural o genio innato. Se detienen incluso antes de comenzar a intentarlo, o ceden ante la primera señal de derrota temporal, porque en el fondo creen que el éxito está fuera de su alcance. Piense en su camino a la riqueza, desmiente todas esas falacias de éxito y revela que cualquiera puede alcanzar sus principales metas en la vida. Sólo hay que cambiar la forma de pensar.

Andrew Carnegie es el mejor ejemplo de la democratización del éxito. Sin poseer dotes naturales, contactos importantes ni riqueza personal, fue ascendiendo desde una posición de jornalero hasta la de propietario de la mayor empresa siderúrgica de Estados Unidos, donde acumuló una de las mayores fortunas de la historia. Fue Carnegie quien concibió por primera vez la idea de una filosofía integral del logro personal que explicara, paso a paso, exactamente cómo el individuo medio podía aprovechar el poder del pensamiento para alcanzar su objetivo principal en la vida, lo que él llamaría su Propósito Principal Definido. En 1908, Carnegie encargó a Napoleon Hill, que por aquel entonces sólo era un reportero de un periódico de una pequeña ciudad, la ingente tarea de dedicar los siguientes veinte años de su vida a investigar, estudiar y recopilar esta filosofía del éxito. Hill aceptó el encargo y entrevistó a más de 500 de los empresarios, inventores y líderes del pensamiento más prósperos de Estados Unidos para elaborar los diecisiete principios del éxito personal inspirados en sus conversaciones iniciales con Carnegie.

Piense en su camino a la riqueza presenta los diecisiete principios del éxito tal y como se los contaron por primera vez a Hill, Carnegie y otras personas de gran éxito. Las entrevistas que forman la base de este método de éxito se reproducen en este libro para que puedas escuchar a fondo el diálogo entre Hill y Carnegie y aprender a poner en práctica los componentes básicos del éxito para transformar completamente tu vida. Publicada inicialmente en 1948, esta obra ha sido condensada y modernizada para que los lectores de hoy puedan obtener el máximo valor de su estudio de la filosofía del logro personal. Para una mejor comprensión, se han añadido resúmenes al final de los capítulos e instrucciones para que puedas comenzar la importante tarea de tomar el control de tu mente. Después de todo, sólo cambiando tus hábitos de pensamiento podrás mejorar tus hábitos de comportamiento y, como resultado, alterar la trayectoria de tu vida. En el camino, descubrirás que hay algo más que mejorar tu mentalidad. A medida que liberes tu mente de pensamientos pasivos y sin objetivo, así como de impulsos de pensamientos negativos como miedos, críticas y dudas, y los reemplaces por pensamientos constructivos e intensos, operarás en un plano de pensamiento más elevado que te invitará a tener oportunidades, atraerá relaciones positivas y mejorará tu creatividad para que puedas llevar tu viaje hacia el éxito al siguiente nivel y disfrutar más de la vida.

Nota: Al leer este libro, se te invita a unirte a la Mente Maestra que ha desarrollado el sistema de éxito más famoso de todos los tiempos. Aprovecha al máximo el conocimiento compartido contigo estudiándolo por tu cuenta y con un círculo de personas con mentalidad de éxito. A medida que contemples estos principios individual y colectivamente y los pongas en práctica diariamente, ¡descubrirás que realmente puedes Pensar Tu Camino Hacia la Riqueza!

-Jennifer Janechek, Doctora en Filosofía

1

DEFINICIÓN DE PROPÓSITO

HILL: Sr. Carnegie, por favor explíqueme los principios de logro que usted implementó para pasar de una posición de poco dinero, influencia y educación a una de gran riqueza. Describa los pasos exactos que tomó para que aquellos que no pueden consultar con personas de éxito como usted puedan replicar sus resultados.

CARNEGIE: Muy bien, con una condición: que organices estas reglas en una filosofía del éxito que se ponga a disposición de toda persona que tenga la ambición de dominarla y utilizarla. De este modo, me ayudarás a distribuir la verdadera riqueza de mi patrimonio —una fortuna que puede ir más allá de mis recursos financieros, que donaré a su debido tiempo a causas dignas—, es decir, los principios del logro personal que te confío. Cuando redactes esta filosofía del éxito, debes comparar mis experiencias con las de otros grandes triunfadores para asegurarte de que satisface las necesidades del mayor número posible de personas, independientemente de su campo o propósito en la vida. Además, la filosofía debe indicar claramente qué acciones conducen al éxito y qué pasos llevan al fracaso.

HILL: Acepto sus condiciones y le garantizo que no renunciaré hasta completar este proyecto.

CARNEGIE: Bien, hay diecisiete principios fundamentales del éxito, y todas las personas de éxito deben utilizar alguna combinación de estos principios.

El primero de estos principios es la Definición del Objetivo. Nadie ha tenido éxito sin aplicarlo.

Estudia a cualquier persona que haya logrado un éxito duradero y verás que tiene un Objetivo Principal Definido y un plan para alcanzarlo. Además, dedican la mayor parte de sus pensamientos y esfuerzos a lograr su objetivo.

Mi objetivo principal es fabricar y comercializar acero, un objetivo que establecí cuando era obrero. Este objetivo se convirtió en mi obsesión. Pensaba en ello día y noche hasta que se convirtió en algo más que un mero deseo: ¡se convirtió en mi deseo ardiente! Sólo los Propósitos Importantes y Definidos que se convierten en deseos ardientes producirán los resultados que quieres.

Todo el mundo desea "las cosas buenas de la vida", como el dinero, la fama, el prestigio y la influencia, pero la mayoría de la gente nunca pasa de la fase del deseo. Cuando sepas exactamente lo que quieres en la vida y estés decidido a conseguirlo, no te limitarás a desearlo; intensificarás tu deseo hasta que se convierta en un deseo ardiente, y apoyarás ese deseo con un esfuerzo continuo basado en un plan sólido, un plan apoyado por otras personas. Todo gran logro requiere la coordinación de mentes armoniosas.

• • •

Todo el mundo desea "las cosas buenas de la vida", como dinero, fama, prestigio e influencia, pero la mayoría de la gente nunca pasa de la fase de los deseos.

• • •

HILL: Pero para alcanzar su Gran Objetivo Definido, tuvo que tener acceso a una gran cantidad de dinero para utilizarlo como capital de explotación. Al principio disponía de escasos recursos financieros, ¿cómo los consiguió?

Por favor, sea detallado en su respuesta porque muchas personas renuncian a perseguir su propósito principal por falta de dinero.

CARNEGIE: El primer paso de la pobreza a la riqueza es el más difícil. Toda riqueza comienza con una imagen mental clara y concisa de lo que se busca. Cuando esta imagen domina la mente como una obsesión, alguna ley oculta de la naturaleza hace que la mente subconsciente guíe a la persona hacia el equivalente material de la imagen mental.

Yo, por ejemplo, sabía que quería hacer acero, así que alimenté ese deseo hasta que se convirtió en una ardiente obsesión que me consumía día y noche. Entonces induje a otros a unirse a mi plan de fabricar y comercializar acero, formando un grupo de Mentes Maestras para coordinar nuestros esfuerzos. Lo que antes eran cuatro hombres pronto se convirtieron en veinte, y multiplicamos nuestros esfuerzos para persuadir a otros para que nos suministraran el capital que necesitábamos.

• • •

Toda riqueza comienza con una imagen mental clara y concisa de lo que se busca.

• • •

HILL: ¿Está diciendo que tener un propósito definido hace que la naturaleza facilite la consecución de su objetivo principal?

CARNEGIE: Cuando organices tu filosofía del éxito, pronto te darás cuenta de que todas las personas verdaderamente exitosas comienzan, como yo lo hice, con un propósito definido y un plan concreto para llevarlo a cabo. También te darás cuenta de que no tienen que esforzarse más que otras personas que no tienen éxito. Por ejemplo, algunas personas se preguntan por qué los que tienen una amplia formación escolar a menudo fracasan mientras que otros con mucha menos formación tienen éxito. Esto se debe a que la naturaleza ayuda a quienes tienen una actitud mental positiva a convertir sus objetivos y propósitos en su equivalente físico y financiero.

HILL: ¿Cuánto tarda una actitud mental en empezar a atraer lo que uno desea?

CARNEGIE: Eso depende totalmente de la naturaleza de los propios deseos y del control que uno ejerza sobre la mente para mantenerla libre de todos los pensamientos e influencias negativas, como el miedo, la duda y las limitaciones autoimpuestas, de modo que pueda permanecer abierta a la guía de la Inteligencia Infinita.

La mejor manera de determinar el plazo es calcular el tiempo que se tardará en prestar el servicio o proporcionar algo de valor equivalente al objeto del deseo. Porque hay una conexión definida entre dar y recibir.

HILL: En otras palabras, ¿la naturaleza no apoya los esfuerzos *por conseguir algo a cambio de nada?*

CARNEGIE: Así es. La naturaleza refuerza las relaciones de causa y efecto. Las riquezas duraderas y las cosas materiales no llegan a la gente de la nada; generalmente son la recompensa por un servicio útil que se ha prestado. Así pues, aunque el éxito comienza como un Propósito Principal Definido, este propósito no puede llevarse a cabo plenamente a menos que esté respaldado por el apoyo de la ley natural, que requiere una causa: el servicio útil prestado en un espíritu de armonía.

HILL: ¿Cómo debe expresar una persona su Propósito Principal Definido? ¿Puede simplemente retenerlo en su mente, o debe comunicarlo de alguna otra manera?

CARNEGIE: Depende de lo disciplinada que sea la mente de cada uno. Si tus pensamientos no conservan su claridad o fuerza o si no se traducen en acción sin apoyo externo, entonces te beneficiaría escribir una descripción detallada de tu Propósito Principal Definido y leerla en voz alta una vez al día.

Yo mismo empleé este hábito de leer en voz alta mi propósito principal, y no sólo para mí. Me reunía todas las noches con mi grupo Mente Maestra y discutíamos cómo crear planes para alcanzar mi objetivo principal.

HILL: Algunas personas se quejan de que usted ha amasado grandes riquezas mientras que las personas a las que emplea siguen siendo pobres en comparación. ¿Cómo responde a estas acusaciones?

CARNEGIE: Con mucho gusto regalaría mi dinero a mis empleados si pensara que no les perjudicaría. Las personas rara vez se benefician del dinero que no han ganado, y dudo mucho que muchos de mis trabajadores asumieran de buen grado mis responsabilidades y dedicaran las horas que yo dedico. Aquellos trabajadores que, como Charles Schwab, prestan un servicio superior al que exige su puesto y, al hacerlo, facilitan mi trabajo, obtienen beneficios económicos. Las personas que adoptan este enfoque en su trabajo suelen tener mayores ingresos.

En realidad, yo no dicto los salarios de mis trabajadores. Ellos determinan sus propios salarios en función del tipo de servicio que prestan, que puede calcularse mediante la siguiente fórmula:

• • •

La calidad y la cantidad del servicio prestado, más la actitud mental con la que se presta, equivalen al valor de las prestaciones (y, por tanto, del salario).

• • •

Por lo tanto, no hay nada injusto en las diferencias salariales entre mis trabajadores.

HILL: Por lo que dice, parece que la mayoría de los hombres que trabajan para usted no tienen un Objetivo Principal Definido; de lo contrario, serían tan ricos como usted. ¿Es eso cierto?

CARNEGIE: Ve a hablar con mis empleados, y pronto descubrirás que el objetivo más elevado que tiene la mayoría de ellos es simplemente conservar su puesto de trabajo actual. Su posición actual y sus salarios son el resultado directo de las limitaciones que han establecido en sus propias mentes.

• • •

Tu posición actual y tu salario son el resultado directo de las limitaciones que has establecido en tu propia mente.

• • •

Yo no puedo cambiar su trayectoria por ellos; sólo los propios trabajadores pueden hacerlo. Todos en mi organización empiezan en el mismo puesto que yo ocupaba originalmente, y todos han tenido las mismas oportunidades de ascenso profesional que yo. Vivimos en el país más rico y libre del mundo, donde las únicas limitaciones que existen son la actitud mental y los deseos de cada uno.

Tómate a ti mismo como ejemplo: Te he dado la mayor de las oportunidades que jamás haya disfrutado un escritor estadounidense: la posibilidad de acceder a algunas de las personas con más éxito que ha dado este país para aprender de sus décadas de experiencias prácticas y servir a los demás sintetizando esta sabiduría en una filosofía práctica de superación personal. Si aprovechas al máximo esta oportunidad, podrás ocupar una posición que el resto de escritores desconocen.

HILL: Sr. Carnegie, muchas personas creen que hoy en día hay menos oportunidades para que el individuo promedio construya riqueza y gane independencia financiera. Dicen que la mayor parte de la riqueza del mundo se concentra en las manos de unas pocas personas de éxito y las probabilidades están en contra de su capacidad para tomar una parte de ella. ¿Qué le parece esta teoría?

CARNEGIE: Que es exactamente eso: una teoría. Hoy tenemos más oportunidades que en cualquier otro momento y lugar de la historia. A la gente no le faltan oportunidades, sino imaginación, confianza en sí misma e iniciativa. Los que gritan: "¡No hay oportunidades!" no hacen más que utilizar esto como excusa para su propia falta de voluntad de asumir la responsabilidad de sus resultados y utilizar su mente para mejorar su situación.

HILL: Lo que ha dicho debería inspirar a todos los jóvenes. ¿Hay algo que le gustaría añadir a su declaración de esperanza y estímulo?

CARNEGIE: Sí, esta filosofía del éxito inspirará a personas de toda condición a reconocer y abrazar esta era de abundantes oportunidades. La oportunidad sólo está al alcance de quienes tienen una gran visión. Comprométete a prestar un servicio útil a los demás, y te encontrarás en el proceso, junto con las riquezas del éxito. Esta noción es la fuerza vinculante que recorre toda la filosofía del éxito individual.

El mayor activo que cualquier joven puede poseer es el deseo de conocimiento y la voluntad de ganárselo. Recuerda, los logros de una persona corresponden directamente a la filosofía con la que se relaciona con los demás. Si cumples tu deseo de dar algo a cambio del conocimiento que deseas, te harás tan útil al mundo que éste se verá obligado a recompensarte en los términos que tú elijas.

• • •

La oportunidad sólo está al alcance para los que tienen una gran visión.

• • •

HILL: ¿Por qué, Sr. Carnegie, colocó la definición de propósito en la parte superior de la lista de los diecisiete principios de éxito?

CARNEGIE: Cualquiera que desee tener éxito debe poseer un Propósito Definido, porque el éxito requiere que primero sepas exactamente lo que quieres. Te sorprendería saber que 98 de cada 100 personas no tienen ningún Objetivo Principal Definido. La definición de objetivos debe adoptarse y aplicarse a diario; sin ella, puede desarrollarse otro hábito mortal para el éxito: el hábito de ir a la deriva.

HILL: ¿Cómo definiría el "éxito"?

CARNEGIE: Mi definición de éxito es la siguiente: *el poder con el que adquirir lo que uno exige de la vida sin violar los derechos de los demás.*

HILL: Pero el Sr. Carnegie, ¿no es cierto que el éxito es a menudo el resultado de la "suerte"?

CARNEGIE: Si analizaras la definición de éxito que acabo de dar, verías que no hay ningún elemento de "suerte" en ella. Las personas pueden llegar a tener oportunidades por mera casualidad o suerte, pero cuando las oportunidades se encuentran de esta manera, la gente tiene una forma de salir de ellas con la misma facilidad con la que cayeron en ellas. ¡Con el fin de aferrarse a una oportunidad, debe haber *definición de propósito*!

HILL: Sr. Carnegie, en su definición de éxito, usted utilizó la palabra "poder". Usted dijo que el éxito se logra a través del "poder con el que uno adquiere lo que quiere". ¿Puede explicar con más detalle en qué consiste ese poder?

CARNEGIE: El poder personal se adquiere mediante una combinación de rasgos y hábitos individuales, algunos de los cuales se explicarán cuando exploremos los otros dieciséis principios del logro. Brevemente, permíteme compartir las diez cualidades del poder personal:

1. El hábito de la definición de objetivos
2. La capacidad de tomar decisiones con prontitud
3. La solidez de carácter (honestidad intencional)
4. Estricta disciplina sobre las propias emociones
5. Deseo extremo -hasta la obsesión- de prestar un servicio útil
6. Conocimiento profundo de la profesión
7. Tolerancia en todos los temas
8. Lealtad a los asociados personales y fe en un Ser Supremo
9. Sed permanente de adquirir conocimientos
10. Agudeza de imaginación

Cualquiera puede desarrollar estos rasgos - rasgos que conducen al desarrollo de una forma de poder personal que puede utilizarse sin "violar los derechos de los demás". Esa es la única forma de poder personal que una persona puede permitirse ejercer.

PUNTOS CLAVE

- La claridad de propósito es el primer principio del éxito porque, para tener éxito, hay que saber exactamente lo que se quiere.
- Toda persona de éxito tiene un Propósito Principal Definido y un plan para alcanzar ese objetivo. Centran la mayor parte de sus pensamientos y esfuerzos en alcanzarlo.
- Sólo los objetivos definidos que se convierten en deseos ardientes producirán los resultados que deseas.
- Todas las riquezas comienzan como una imagen mental clara y concisa de lo que uno busca.
- Hoy en día no hay escasez de oportunidades para las personas, pero sí hay escasez de imaginación, confianza en uno mismo e iniciativa.
- El mayor activo que una persona puede poseer es el deseo de conocimiento y la voluntad de ganárselo.

TRANSFORMA TUS PENSAMIENTOS EN ACCIÓN

Para ayudar a tu mente a alcanzar la Claridad de Propósito, escribe una descripción detallada de tu meta más importante o de tu objetivo más elevado. Léela en voz alta una vez al día.

____

____

____

____

____

2

LA MENTE MAESTRA

HILL: Sr. Carnegie, usted ha llamado al segundo principio del éxito "La Mente Maestra". Por favor, explique lo que quiere decir con este término.

CARNEGIE: La Mente Maestra *es una alianza de dos o más mentes, trabajando juntas en un espíritu de perfecta armonía, para el logro de un propósito definido.*

HILL: ¿Quiere decir que el mero hecho de tener un propósito definido no es suficiente para asegurar el éxito?

CARNEGIE: Si su objetivo es lograr algo más que la mediocridad, entonces debe asociarse con otros, coordinar sus pensamientos y trabajar juntos en un espíritu de armonía. Puede que consigas alcanzar la posición que deseas por ti mismo, pero no puedes llegar a ser grande en ningún campo del esfuerzo humano sin aplicar el principio de la Mente Maestra.

Muchos individuos han fracasado, o al menos se han estancado en su camino hacia el éxito, porque no se dieron cuenta de lo crucial que es la armonía y un sentido compartido de propósito dentro de la alianza Mente Maestra. Si las personas de una Mente Maestra esperan lograr su propósito, deben estar en perfecta armonía con el objetivo de la alianza, con su líder y con cada uno de sus miembros.

• • •

Ningún individuo puede llegar a ser grande en ningún campo del esfuerzo humano sin aplicar el principio de la Mente Maestra.

• • •

HILL: ¿Cómo puede alguien asegurarse de que sus compañeros de la Mente Maestra trabajan en completa armonía con ellos?

CARNEGIE: En primer lugar, recuerda que todo lo que una persona hace es el resultado de un motivo definido. Empezamos a hacer cosas por un motivo, y continuamos haciéndolas tanto por el motivo como por el hábito. Pero puede llegar un momento en que el motivo se olvida y continuamos porque hemos establecido un hábito.

Hay nueve motivos básicos que inspiran a las personas a actuar voluntariamente y en un espíritu de armonía. Es importante que el líder de una Mente Maestra seleccione a miembros que tengan la capacidad de hacer lo que se les pide y que respondan en un espíritu de armonía al motivo concreto que se les ofrece a cambio de su ayuda.

Los nueve motivos principales —que a veces llamo el "alfabeto del éxito"— son los siguientes:

1. La emoción del AMOR

2. La emoción del SEXO

3. El deseo de GANANCIA ECONÓMICA

4. Deseo de AUTOPROTECCIÓN

5. Deseo de LIBERTAD DE CUERPO Y MENTE

6. Deseo de AUTOEXPRESIÓN que conduce a la fama y al reconocimiento

7. Deseo de perpetuación de la VIDA DESPUÉS DE LA MUERTE

8. La emoción de la IRA

9. La emoción del MIEDO

Los dos últimos motivos son negativos, pero son estimulantes muy poderosos para la acción. El líder de una alianza Mente Maestra exitosa debe usar uno o más de estos nueve motivos básicos para inducir a cada miembro del grupo a proporcionar la cooperación armoniosa requerida para el éxito.

HILL: Sr. Carnegie, en su experiencia, ¿cuál de estos nueve motivos es el más eficaz?

CARNEGIE: La emoción del amor, la emoción del sexo, y el deseo de obtener ganancias económicas son los más valiosos para inspirar el éxito empresarial. La mayoría de la gente quiere tener éxito económico para poder complacer a su pareja. Sin embargo, hay personas que trabajan más por el reconocimiento que por las ganancias materiales y financieras.

HILL: Parecería que el líder de un grupo exitoso de Mente Maestra tendría que ser hábil para leer a la gente. Dado el éxito de su Mente Maestra, está claro que ha destacado en la elección de las personas adecuadas para su alianza. ¿Cómo lo ha hecho? ¿Los eligió basándose en una cuidadosa observación o utilizó un método de ensayo y error, sustituyendo a los individuos que no encajaban bien?

CARNEGIE: Nadie es tan sabio como para juzgar a los demás con exactitud a simple vista. Hay cualidades observables que pueden ser indicativas de la capacidad de una persona, pero hay un rasgo que es más importante que cualquier otro, especialmente a la hora de evaluar la idoneidad de una persona para un grupo de Mente Maestra, y es su actitud mental. Nadie que sea negativo o se incline hacia el egoísmo, el egocentrismo o el cotilleo encajará en una alianza de la Mente Maestra. Y si tienes una persona así en tu Mente Maestra, seguramente obstaculizará la capacidad de los demás miembros para contribuir positivamente.

Las personas más exitosas, dentro y fuera de un grupo de Mente Maestra, son aquellas que tienen habilidad en su campo y la actitud mental correcta hacia sus asociados.

HILL: ¿Y el líder de la Mente Maestra? ¿No necesita ser un experto en su campo antes de dirigir a otros en una alianza centrada en lograr el éxito en esa área?

CARNEGIE: No, de hecho el principio de la Mente Maestra permite al organizador tener éxito sin un conocimiento exhaustivo del tema en torno al cual se han alineado los miembros. Por ejemplo, yo sé poco sobre los aspectos técnicos de la fabricación y comercialización del acero, y no necesito saber más porque tengo personas en mi Mente Maestra a cuya experiencia puedo recurrir cuando sea necesario. Mi trabajo consiste en mantener a los miembros inspirados y comprometidos con la armonía y el éxito del grupo, y para ello utilizo una combinación de los nueve motivos básicos mencionados anteriormente.

HILL: ¿Debo entender que debe todo su éxito al principio de la Mente Maestra?

CARNEGIE: No del todo, pero es el principal principio de éxito con el que he hecho mi fortuna. La Mente Maestra, junto con la Definición de Propósito, es responsable de la mayoría de los logros en cualquier línea de esfuerzo humano. Ninguno de los dos, por sí solo, podría producir el éxito.

La Mente Maestra es tan poderosa porque cuando los individuos combinan su poder mental entre sí en un espíritu de perfecta armonía, acceden a una fuerza intangible que ninguna mente por sí sola puede experimentar jamás.

HILL: ¿Por qué otros no han descubierto el principio de la Mente Maestra, como usted?

CARNEGIE: Yo no lo descubrí; lo tomé de la Biblia. En el Nuevo Testamento, en la historia de Cristo y sus doce discípulos, recordarás el inusual poder que los discípulos conservaron después de la muerte de Cristo por su alianza con él, mientras que Cristo mismo estaba aliado con Dios. Cristo dijo a sus seguidores que podrían realizar cosas aún mayores, pues había descubierto que la unión de dos o más mentes en un espíritu de armonía con un objetivo definido permite entrar en contacto con el poder de la Mente Universal. Las acciones de Judas muestran el daño que puede hacerse cuando un miembro de la alianza rompe el vínculo de la armonía.

HILL: ¿Tiene el principio de la Mente Maestra alguna aplicación más allá de las relaciones comerciales?

CARNEGIE: ¡Por supuesto! Es útil en cualquier relación en la que sea necesaria la cooperación. Por ejemplo, en el hogar: cuando una familia se pone de acuerdo y trabaja por el bien de toda la familia, encontrará satisfacción, felicidad y seguridad económica en ese hogar.

Una de las mayores alianzas de la Mente Maestra puede crearse a través del matrimonio. Observa a aquellos individuos que se han distinguido, y probablemente encontrarás que están en una unión matrimonial caracterizada por la unidad de propósito, amor y completa armonía

• • •

No hay dos mentes que entren en contacto sin que nazca, de la asociación, una tercera mente, intangible, de mayor poder que cualquiera de las dos mentes.

• • •

HILL: Quiero volver a una idea que ha mencionado hace un segundo: ¿He entendido bien que la Mente Maestra es poderosa no sólo porque puede aprovechar la experiencia y los conocimientos de los demás miembros de su alianza, sino también porque los esfuerzos coordinados del grupo conceden a los miembros acceso a fuerzas espirituales que de otro modo no estarían a su alcance?

CARNEGIE: Sí, así es exactamente como yo lo entiendo. Un gran psicólogo dijo una vez que no hay dos mentes que entren en contacto sin que nazca, de esa asociación, una tercera mente intangible, de mayor poder que cualquiera de las dos mentes. Que esta tercera mente se convierta en una ayuda o en un obstáculo para las dos mentes en contacto depende de la actitud mental de cada una. Si ambas mentes son armoniosas, empáticas y cooperativas, entonces la tercera mente nacida de ambas puede ayudarlas en gran medida. Si la actitud de una o más mentes es antagónica, controvertida o poco amistosa, la tercera mente nacida del contacto será perjudicial para ambas.

La Mente Maestra no es un principio creado por el hombre; se rige por una ley natural tan inmutable como la gravedad. No podemos alterar ni influir en esta ley, pero podemos comprenderla y adaptarnos a ella de forma que nos aporte grandes beneficios, independientemente de quiénes seamos o cuál sea nuestra vocación.

HILL: Por lo que ha dicho sobre el principio de la Mente Maestra, parece que los que carecen de una educación extensa no necesitan limitar su ambición por ese motivo, ya que pueden hacer uso de la educación de los demás. También parece que, por mucha educación que se tenga, un individuo no puede alcanzar un éxito notable sin la ayuda de otras mentes. ¿Es eso cierto?

CARNEGIE: Ambas afirmaciones son correctas. La falta de formación no es una excusa válida para el fracaso; tampoco una formación exhaustiva es garantía de éxito. Alguien dijo una vez que el conocimiento es poder, pero sólo dijo una verdad a medias, porque el conocimiento sólo es poder potencial. Sólo puede convertirse en poder cuando se organiza y se dirige hacia fines definidos.

Hay una gran diferencia entre disponer de abundantes conocimientos y ser una persona educada. La palabra *educar* procede del latín educare, que significa "sacar, desarrollar desde dentro, crecer mediante el uso". No significa "adquirir y almacenar conocimientos". Por lo tanto, el conocimiento no es poder, *pero el uso del conocimiento y la experiencia de otras personas, para la consecución de algún propósito definido, es poder*, y poder del tipo más grande.

• • •

El conocimiento es sólo poder potencial. Sólo puede convertirse en poder cuando se organiza y se dirige hacia fines definidos.

• • •

HILL: ¿Cómo se puede empezar a aprovechar y aplicar este poder?

CARNEGIE: El primer paso es tomar el control del poder de la propia mente. Hablaremos de las formas de hacerlo cuando tratemos los principios de la

Iniciación y la Autoconfianza. Por ahora, permíteme destacar la importancia de eliminar cualquier limitación autoimpuesta que hayas establecido en tu propia mente. Con la abundancia de riquezas y oportunidades disponibles hoy en día, no hay razón para que ninguna persona pase por la vida en condiciones de pobreza. Pero no importa cuántas oportunidades se te presenten, no te beneficiarán si descuidas o te niegas a tomar el control de tu propio poder mental y utilizarlo para tu progreso personal. Y no hay manera de tomar la plena posesión de tu poder mental sin combinarlo, a través del principio de la Mente Maestra, con las mentes de los demás y dirigirlo hacia el logro de un objetivo concreto.

HILL: Sr. Carnegie, ¿podría indicarme los pasos exactos que hay que dar para formar un grupo de Mente Maestra?

CARNEGIE: Aunque variará dependiendo de la naturaleza del grupo y de su organizador, hay ciertos fundamentos que deben observarse:

1. **Definición del propósito.** El punto de partida de todo logro es el conocimiento definido de lo que uno quiere.
2. **Elección de los miembros de un grupo de Mente Maestra.** Cada persona con la que te alíes a través del principio de la Mente Maestra debe estar completamente de acuerdo con el propósito de la alianza y debe ser capaz de contribuir con algo definido hacia el logro de ese objetivo final. Esta contribución puede ser la educación del miembro, su experiencia o incluso su red de contactos.
3. **Motivo.** Para formar un grupo Master Mind, debes poder dar a los miembros algo a cambio del servicio que prestan. El motivo puede ser una recompensa económica o un favor de algún tipo, pero debe ser de igual o mayor valor que el servicio esperado.
4. **Armonía.** Para que una alianza de Mente Maestra tenga éxito, debe

reinar una completa armonía entre todos sus miembros. Nadie puede andar con chismes o a espaldas de otro miembro. Todos los egos deben subordinarse al bien colectivo. Al considerar qué miembros incorporar a una alianza de Mente Maestra, el factor primordial a tener en cuenta es si un individuo puede y quiere trabajar por el bien del grupo.

5. **Acción.** Una vez formado, un grupo Mente Maestra debe volverse y permanecer activo para ser eficaz. El grupo debe moverse en un plan definido, en un tiempo definido, hacia un fin definido. La indecisión, la inacción y el retraso destruirán la utilidad de todo el grupo. Además, la mejor manera de mantener a los miembros en armonía es a través del trabajo continuo.

6. **Actitud mental.** Este es el factor más importante para determinar el éxito o el fracaso de una alianza de Mente Maestra. En particular, el líder de un grupo de Mente Maestra debe estar comprometido con el éxito de los miembros, desarrollándolos a su máximo potencial. El líder debe estar orientado al servicio, centrándose menos en "tener la última palabra" y más en ser indispensable para los demás miembros. También debe tener una actitud positiva hacia el trabajo que hay que hacer y hacer más que cualquier otro miembro. Otra forma de concebir este requisito es la "buena deportividad": todos los miembros, empezando por el líder, deben actuar con un espíritu de ayuda mutua, lo que se conoce como trabajo en equipo.

7. **Relación confidencial.** La relación existente entre los miembros de una alianza de Mente Maestra debe ser confidencial. El propósito de la alianza nunca debe discutirse fuera del grupo, a menos que implique algún tipo de servicio público. La mejor manera de decirle al mundo lo que vas a hacer es mostrarle lo que ya has hecho. He oído decir que todas las grandes personas tienen en su mente algunos objetivos y propósitos que sólo ellos y Dios conocen. Aunque no aspires a ser

grande, te beneficiaría no anunciar tus intenciones y planes antes de que se cumplan

• • •

La mejor manera de decirle al mundo lo que vas a hacer es mostrarle lo que ya has hecho.

• • •

HILL: Sr. Carnegie, ¿me puede decir lo que usted cree que es la más importante alianza de Mente Maestra en los Estados Unidos?

CARNEGIE: La alianza más importante de la Mente Maestra en América es la que existe entre los estados de nuestro país. De esta alianza proviene la libertad de la que nos sentimos tan orgullosos en América. La fuerza de la alianza reside en que es voluntaria y en que los ciudadanos americanos la apoyan en un espíritu de armonía.

HILL: Antes se ha referido a la utilidad del principio de la Mente Maestra para el hogar. ¿Puede explicar con más detalle cómo puede beneficiar este principio a un hogar?

CARNEGIE: Gracias por preguntarlo, porque, según mi experiencia, las relaciones en el hogar afectan directamente a los logros empresariales y profesionales. De todas las alianzas humanas posibles, el matrimonio es la más adecuada para la aplicación del principio de la Mente Maestra, porque esta relación moldea a las partes a un nivel profundo y espiritual.

HILL: ¿Qué precauciones hay que tomar para que el principio de la Mente Maestra funcione en el matrimonio?

CARNEGIE: La principal es la elección de una pareja adecuada. Al considerar a un posible cónyuge, hay que asegurarse de que apruebe la profesión elegida y los medios para progresar en ella. Cuando ambos cónyuges participan en los medios de obtener ingresos de la familia, disfrutarán de una mayor armonía emocional y financiera y tendrán menos desacuerdos sobre los gastos domésticos y personales.

Si ya te has casado con alguien que no está entusiasmado con tu actividad profesional, debes programar un tiempo con él para explicarle sus méritos y ganárselo. Una vez que ambos estén de acuerdo, podrán determinar cómo colaborar para apoyar el progreso profesional del otro.

HILL: ¿Cómo se puede mantener y mejorar una relación matrimonial?

CARNEGIE: Todas las parejas deberían dedicar una hora a la semana a una reunión de la Mente Maestra en la que traten todos los temas importantes relacionados con su matrimonio y la gestión de su hogar.

HILL: ¿Qué puede decirnos de la emoción del sexo, la segunda en la lista de los nueve motivos básicos?

CARNEGIE: La emoción del sexo es la forma que tiene la naturaleza de inspirar a hombres y mujeres a crear, construir, liderar y dirigir. Todo gran artista, inventor, líder intelectual o empresario canaliza la emoción del sexo en su trabajo.

Existe un gran potencial para la alianza conyugal Mente Maestra que aprovecha la emoción del sexo para inducir el compromiso con su propósito compartido. La emoción del sexo debe basarse en un espíritu romántico. El romance tiene la llave para abrir el Templo de la Sabiduría dentro de tu corazón y cerebro, porque todo lo bueno y digno en hombres y mujeres llega allí sólo a través del amor.

Mantén encendida la llama del amor. Conviértelo en parte integrante de tu asociación con la Mente Maestra, y te proporcionará riquezas materiales y espirituales. La combinación de amor y sexo, cuando se aplica a actividades profesionales y empresariales, induce un estado mental caracterizado por el entusiasmo, la ambición, el impulso, el interés y la visión, rasgos esenciales para el éxito en cualquier profesión.

Cuando el romanticismo no se degrada por el deseo físico, elimina la monotonía del trabajo. Eleva los pensamientos del trabajador más humilde al nivel del genio. Ahuyenta el desaliento y lo sustituye por la firmeza de propósito. Transforma la pobreza en una fuerza poderosa e irresistible para el logro. Activa la imaginación e inspira una creatividad y una innovación inigualables. Es el arma secreta de todos los grandes personajes que han pasado a la historia.

HILL: ¿Qué debe hacer una persona para aprovechar al máximo el principio de la Mente Maestra en su día a día?

CARNEGIE: Todas las personas que deseen hacer uso de este principio deben reconocer que sólo pueden alcanzar su objetivo más elevado mediante una serie de pasos, y deben comprender asimismo que cada pensamiento que tengan, cada interacción que mantengan con los demás, cada plan que conciban y cada error que cometan tiene una influencia vital en su capacidad para alcanzar la meta elegida.

Para tener éxito, las personas deben apoyar su Propósito Principal con un esfuerzo continuo, sobre todo un esfuerzo que se aplique en la relación con otras personas. Por lo tanto, es fácil darse cuenta de lo importante que es elegir bien a los colaboradores, sobre todo a aquellos con los que se tiene contacto de forma habitual.

HILL: Así las cosas, Sr. Carnegie, ¿podría nombrar y comentar las distintas relaciones que un individuo debe cultivar en su persecución de un objetivo definido?

CARNEGIE: Después de la relación conyugal, la relación de siguiente importancia es la que una persona tiene con sus socios de negocios. A veces nos asociamos con el compañero de trabajo más extrovertido, pero el más extrovertido no es necesariamente el más sabio ni el que tiene mejor carácter. La mejor manera de conseguir el éxito es entablar relaciones estrechas sólo con aquellos cuya influencia y cooperación sean beneficiosas para el Objetivo Principal Definido. A los restantes hay que evitarlos con tacto.

Cada persona debe tratar su entorno de trabajo como un aula, estudiando a sus socios como fuentes potenciales de conocimiento o influencia que puede tomar prestada y utilizar para su propia promoción. La persona con un propósito constructivo en la vida nunca envidiará a sus superiores; estudiará sus métodos y se apropiará de sus conocimientos.

HILL: ¿Cómo puede una persona sacar el máximo partido de este tipo de educación que acaba de comentar?

CARNEGIE: Recordando y utilizando los nueve motivos básicos en su provecho para atraer la cooperación de sus socios comerciales y relacionándose con ellos de forma amistosa.

HILL: Gracias por este útil resumen de las ventajas que se derivan de una Mente Maestra en el trabajo. ¿Qué otros tipos de alianzas de Mente Maestra son útiles para alcanzar el Propósito Principal?

CARNEGIE: La siguiente alianza más importante es una Mente Maestra educativa. Para lograr un gran éxito, una persona debe estar aprendiendo constantemente, y de todas las fuentes disponibles, especialmente de aquellas de las que pueda obtener conocimientos especializados y experiencia relacionada con su Propósito Principal.

• • •

Tu programa de lectura debe elegirse con tanta intencionalidad como tu dieta.

• • •

Una persona con mentalidad de éxito se preocupa de leer libros para ampliar sus conocimientos sobre el trabajo que ha elegido y aprender de las experiencias de quienes le han precedido. El programa de lectura debe elegirse con tanta intencionalidad como la dieta; la primera es un alimento mental que nutre la mente.

La lectura no es la única forma de aprendizaje. También se puede aprender mediante la conversación diaria con los socios, los contactos sociales y otras personas con las que se interactúa habitualmente, siempre que se elija a estas personas con un objetivo definido en mente.

PUNTOS CLAVE

- Una Mente Maestra es *una alianza de dos o más mentes, que trabajan juntas en un espíritu de perfecta armonía, para la consecución de un propósito definido.* Cuando estas mentes se conectan con un propósito compartido, se crea una tercera mente intangible que produce pensamientos superiores a los que cualquier individuo podría tener por sí solo.

- Para tener éxito, una alianza de Mente Maestra debe caracterizarse por una armonía perfecta: cada miembro debe estar en armonía con el objetivo de la alianza, con el líder y con todos los demás miembros.

- La motivaciones nos inspiran a actuar, y los hábitos nos mantienen actuando incluso cuando nuestras motivaciones se han olvidado. Los nueve motivos básicos son la emoción del amor, la emoción del sexo, el deseo de ganancia económica, el deseo de libertad de cuerpo y mente, el deseo de autoexpresión que conduce a la fama y el reconocimiento, el deseo de perpetuación de la vida después de la muerte, la emoción de la ira y la emoción del miedo (estas dos últimas son negativas pero poderosas estimulantes de la acción).

- La cualidad más importante que hay que buscar en un posible asociado de la Mente Maestra es su actitud mental.

- El principio de la Mente Maestra es aplicable tanto a las relaciones profesionales como a las personales. La relación matrimonial es la alianza Mente Maestra más poderosa. La siguiente relación más importante que hay que cultivar es la que se mantiene con los socios comerciales.

- El conocimiento es sólo poder potencial. Sólo puede convertirse en poder cuando se organiza y se dirige hacia fines definidos. El primer paso para apropiarse de este poder es tomar el control de la propia mente, principalmente eliminando cualquier limitación autoimpuesta.

- Los fundamentos a observar cuando se forma una alianza de Mente Maestra incluyen la Definición del Propósito, la elección de miembros para un grupo de Mente Maestra, el motivo, la armonía, la acción, la actitud mental y la relación confidencial

TRANSFORMA TUS PENSAMIENTOS EN ACCIÓN

¿Cuál es la mejor manera de aplicar el principio de la Mente Maestra en la consecución de tu objetivo principal? Piensa en los diferentes tipos de alianzas –por ejemplo, organizativas/empresariales, educativas y matrimoniales – y crea un plan para aprovechar al menos una de estas asociaciones para ayudarte a transformar el conocimiento en poder. Piensa en los conocimientos y la experiencia de quién te beneficiarías más, así como en la forma en que tu alineación en el hogar (si procede) repercutirá en tu éxito general.

3

PERSONALIDAD ATRACTIVA

HILL: Sr. Carnegie, hemos llegado al tercero de los diecisiete principios del éxito-lo que usted ha denominado "Personalidad Atractiva". Sé que usted ha identificado más de veinte rasgos distintos que contribuyen a una personalidad agradable. ¿Podría describir estos atributos, señalando cuáles son los más importantes para el éxito de una persona?

CARNEGIE: No sólo los describiré todos, sino que también te daré una fórmula sencilla para desarrollar y mantener todos los rasgos menos uno. Comprenderlos no sirve de nada; hay que apropiarse de ellos y vivirlos.

Empecemos por el rasgo de personalidad más importante, que es una actitud mental positiva. La actitud mental de una persona influye en su tono de voz, sus expresiones faciales, su postura, su elección de palabras y su forma de procesar las emociones. Colorea cada uno de sus pensamientos y cambia la atmósfera, afectando a la forma de pensar y sentir de los que están en su presencia.

Consideremos el impacto de una mala actitud mental. No sólo merma el estado de ánimo, sino también el entusiasmo, la iniciativa, el autocontrol, la imaginación, la simpatía, la tolerancia y la capacidad de razonamiento. Un médico con una mala actitud mental causará a sus pacientes más daño que beneficio, aunque les ofrezca tratamientos adecuados. Una abogada con una actitud mental negativa perjudicará al tribunal en su contra, aunque tenga el caso más convincente. Un vendedor con una mala actitud mental perderá clientes y se ganará enemigos, y más le valdría quedarse en casa. El daño que puede causar una actitud mental negativa es infinito.

La actitud mental de una persona está íntimamente entrelazada con todos y cada uno de los rasgos de personalidad que analizaremos, un hecho muy significativo.

HILL: ¿Cómo puede una persona desarrollar una actitud mental positiva?

CARNEGIE: La respuesta más sencilla es que se puede desarrollar una actitud mental positiva comprendiendo y aplicando todos los demás factores de una personalidad atractiva.

HILL: Bien, entonces escucharé pistas sobre cómo desarrollar estos rasgos. ¿Cuál es la segunda característica de una personalidad atractiva?

CARNEGIE: La flexibilidad, es decir, la capacidad de adaptarse a las circunstancias cambiantes y a las emergencias sin perder la calma. Es casi imposible tener una personalidad atractiva si uno no puede adaptarse a las condiciones siempre cambiantes de la vida y de las relaciones humanas.

Hay quienes culpan erróneamente de sus desgracias a los demás, cuando la verdad es que cada persona está donde está y es lo que es debido a su propia actitud mental expresada a través de su personalidad.

• • •

Cada persona está donde está y es lo que es debido a su propia actitud mental.

• • •

HILL: Es una afirmación increíble, porque descarta la "suerte" y el "tirón" que la mayoría de la gente lamenta cuando se queja de su estatus en la vida.

CARNEGIE: Sí, en efecto. Es crucial que la gente haga un inventario honesto de sí misma para poder encontrar y corregir sus defectos de personalidad. Desde una edad temprana, hay que enseñar a la gente que ningún tipo de educación les garantizará el éxito a menos que aprendan a relacionarse con los demás de forma agradable. Y tenga en cuenta que la actitud mental de una persona está directamente relacionada con su nivel de flexibilidad.

HILL: Y eso nos lleva al tercer factor importante de una personalidad agradable, y es...

CARNEGIE: La sinceridad, que es un rasgo del carácter que cala hondo en una persona. Si un individuo es sincero o no, se revela en cada una de sus palabras y acciones.

En todas las culturas, el "hombre sí" (o la "mujer sí") es objeto de burla porque todo el mundo reconoce fácilmente su falta de sinceridad. Nunca olvidaré la primera vez que experimenté la oposición definitiva de Charlie Schwab. Llevaba poco tiempo conmigo cuando le llamé a mi despacho y le pedí que hiciera ciertos cambios en su trabajo, y después de escuchar atentamente cada palabra que le dije, me respondió con buen humor diciendo: "Muy bien, jefe, usted es el jefe; pero voy a decirle que su petición le va a costar dinero porque no ha investigado este asunto tan a fondo como yo". Sus modales eran tan sinceros que investigué su afirmación, sólo para descubrir que él tenía razón y yo estaba equivocado. A partir de ese día, observé de cerca a Charlie y me di cuenta enseguida de que tenía una personalidad y unos rasgos de carácter que lo hacían inestimable para mí.

HILL: ¿Nombraría ahora el cuarto factor de una personalidad agradable?

CARNEGIE: Es la **rapidez de decisión.** Mira a tu alrededor: las personas que vacilan con frecuencia y luchan por decidirse no son populares ni tienen éxito. Vivimos en un mundo acelerado que exige decisión. Si no eres capaz de tomar decisiones con firmeza y rapidez, te quedarás atrás.

Obsérvese que la rapidez de decisión es un hábito y, por tanto, está directamente relacionada con la actitud mental. Ninguno de estos rasgos de una personalidad atractiva puede separarse de la actitud mental. La prontitud en la toma de decisiones también está estrechamente relacionada con la definición de objetivos, porque cuanto más claro tengas tu objetivo principal, más rápida y claramente podrás tomar decisiones.

Vivimos en un país donde los logros individuales son posibles a gran escala debido a la abundancia de oportunidades que existen, ¡pero la oportunidad no espera a nadie! Quien tenga la visión para reconocer la oportunidad y la prontitud de decisión para aprovecharla saldrá adelante, pero los demás no. Así es el mundo. Siempre hay sitio para las personas que saben exactamente lo que quieren y están decididas a conseguirlo.

• • •

Las oportunidades no esperan a nadie.

• • •

HILL: Sr. Carnegie, alguien ha dicho que la cortesía es la cualidad más barata y a la vez más rentable que puede tener una persona. ¿Cuál es su opinión sobre este rasgo de la personalidad?

CARNEGIE: En realidad, la cortesía es el siguiente factor a tratar. No sólo es barata, sino que es gratuita: todo lo que cuesta es el tiempo necesario para expresarla en las interacciones con los demás. A pesar de ser barata, es una cualidad tan rara que hace que quien la expresa destaque inmediatamente entre la multitud.

HILL: ¿Cómo definiría la cortesía?

CARNEGIE: La **cortesía** es *(1) el hábito de respetar los sentimientos de los demás en cualquier circunstancia, (2) el hábito de desvivirse por ayudar a las personas menos afortunadas siempre y cuando sea posible, y (3) el hábito de controlar el egoísmo en todas sus formas.* La cortesía es el secreto para ejercer la propia influencia y atraer oportunidades que de otro modo no se presentarían.

HILL: Después de la cortesía, ¿cuál es el siguiente elemento esencial de una personalidad agradable?

CARNEGIE: Los dos siguientes rasgos van de la mano: el **tono de voz** y el **hábito de sonreír.** El ser humano expresa su personalidad sobre todo a través de la palabra, pero la forma de hablar comunica tanto o más que lo que se dice. Por lo tanto, es crucial controlar el tono de voz para que exprese siempre el significado exacto deseado.

El hábito de sonreír acompaña al tono de voz porque hay ciertas emociones que no pueden expresarse adecuadamente mediante el habla sin sonreír. Sonreír también contribuye a la actitud mental, como demuestra la rapidez con la que se disipan las emociones negativas cuando uno se obliga a sonreír.

HILL: ¿Tienen estos rasgos gemelos otros parientes cercanos?

CARNEGIE: Sí, la **expresión facial,** una cualidad que dice mucho sobre el carácter y los pensamientos de una persona. En conjunto, la sonrisa, el tono de voz y la expresión facial constituyen una ventana abierta a través de la cual cualquiera puede observar lo que ocurre en la mente de los demás. Una persona inteligente sabe controlar estos tres elementos para que expresen sólo lo que se pretende.

HILL: No estoy seguro de en qué número estamos, pero ¿cuál es la siguiente característica de una personalidad atractiva?

CARNEGIE: Llegamos al número nueve, y **es el tacto.** Siempre hay un momento adecuado y un momento inadecuado para todo. El tacto *es el hábito de hacer y decir lo correcto en el momento adecuado.* Hazte las siguientes preguntas para realizar un chequeo de tu personalidad:

1. ¿Eres descuidado en el tono de voz, hablas de forma brusca, agresiva, antagonista y ofendes a los demás? antagonista que ofende a los demás?
2. ¿Hablas fuera de tiempo, cuando lo más adecuado sería guardar silencio?
3. ¿Interrumpes a otros que están hablando?
4. ¿Utilizas los pronombres "yo" "mi" y "me" con demasiada frecuencia?
5. ¿Haces preguntas impertinentes para sentirte y parecer importante ante los demás?
6. ¿Hablas de más, revelando detalles personales que avergüenzan a los demás?
7. ¿Acudes a lugares a los que no has sido invitado?
8. ¿Presumes de tu vida y de tus logros?
9. ¿Te vistes de forma inapropiada?
10. ¿Llamas a la gente a horas intempestivas?
11. ¿Mantienes a la gente al teléfono con conversaciones innecesarias?
12. ¿Llamas a personas a las que no tienes ninguna excusa razonable para dirigirte a ellas?

13. ¿Compartes opiniones que no te piden, sobre todo las desinformadas?

14. ¿Cuestionas abiertamente la veracidad de las opiniones de los demás?

15. ¿Rechazas las peticiones de los demás de forma arrogante?

16. Hablas negativamente de las personas delante de sus amigos?

17. ¿Menosprecias a las personas que no están de acuerdo contigo?

18. ¿Hablas de las debilidades físicas de las personas en su presencia?

19. ¿Reprendes a tus empleados en presencia de otros?

20. ¿Te quejas cuando la gente te dice “no”?

21. ¿Eres demasiado presuntuoso al pedir favores a tus amigos?

22. ¿Utilizas un lenguaje profano u ofensivo?

23. ¿Expresas tus desagrados con demasiada libertad?

24. ¿Insistes en tus males y desgracias?

25. ¿Criticas nuestra democracia o la religión de otros?

26. ¿Muestras excesiva familiaridad con la gente?

Si has respondido afirmativamente a alguna de estas preguntas, es que careces de tacto y te convendría tener más criterio en tus relaciones con los demás.

HILL: Dada su asociación con la promoción del propio interés por encima de los demás, puedo ver cómo el tacto estaría relacionado con la actitud mental. ¿Cuál es el décimo elemento de una personalidad agradable?

CARNEGIE: El décimo rasgo es la **tolerancia**, que puede definirse simplemente como apertura mental. La tolerancia está directamente relacionada con el tacto, ya que es la estrechez de miras lo que hace que la gente menosprecie o desprecie a los demás.

La intolerancia limita el éxito por varias razones:

1. Crea enemigos.
2. Limita el crecimiento mental al restringir la búsqueda del conocimiento.
3. Desalienta la imaginación.
4. Prohíbe la autodisciplina.
5. Impide la precisión en el pensamiento y el razonamiento.
6. Daña el carácter.

HILL: Así que esos son los diez primeros elementos esenciales de una personalidad deseable, que podríamos llamar los "Diez Grandes" de una personalidad positiva. Y ahora el siguiente grupo. ¿Cuál es el número once?

CARNEGIE: La undécima característica de una personalidad atractiva es la **franqueza** en los modales y en la forma de hablar. El engaño y la ocultación deliberada de información a personas que merecen conocer los hechos son formas de deshonestidad que envenenan el carácter. Las personas de carácter honesto siempre tendrán el valor de hablar y tratar directamente con la gente, incluso cuando hacerlo no les resulte ventajoso.

HILL: Estoy seguro, Sr. Carnegie, que todo el mundo prefiere tratar con personas que son francas y honestas. A la larga, las personas que piensan que están engañando a los demás sólo se engañan a sí mismos. ¿Cuál es el número doce en esta serie de rasgos de personalidad deseables?

CARNEGIE: El número doce es un **agudo sentido del humor.** Un buen sentido del humor te ayuda a sobrellevar los altibajos de la vida. Te permite abrazar lo humano, no tomarte la vida demasiado en serio y conectar con los demás en lugar de permanecer frío y distante. Un buen sentido del humor proporciona beneficios físicos, manteniendo la expresión facial suave y fomentando el hábito de sonreír. En última instancia, fomenta una actitud mental positiva y sirve como tónico contra el estrés de la vida.

HILL: De este catálogo se desprende claramente que una personalidad atractiva es un activo inestimable. Cualquiera que estudie esta lista podrá abordar sus deficiencias para poder negociar con la vida en términos más favorables. ¿Cuál es el siguiente rasgo necesario para el desarrollo de una personalidad atractiva?

CARNEGIE: La **fe**, que es el más profundo de todos los elementos que componen una personalidad atractiva. La fe está presente en todos los principios de la filosofía del éxito, porque es la fuerza que sustenta todo éxito, sea del tipo que sea. La fe de la que hablo no tiene nada que ver con lo sobrenatural o lo teológico. Es un estado mental necesario para expresar iniciativa, imaginación, entusiasmo, confianza en uno mismo y determinación. Sin ella, nadie puede superar la mediocridad!

• • •

Sin Fe, ninguna persona puede superar la mediocridad.

• • •

HILL: ¿Quiere decir que el cerebro de una persona es una pieza de maquinaria construida para desempeñar una función muy específica en el transcurso de la vida?

CARNEGIE: Sí, exactamente. Y el poder que opera esta maquinaria es una forma de energía que viene del exterior, y la Fe es la puerta a través de la cual una persona puede dar a su cerebro acceso libre y completo al gran poder universal que lo hace funcionar.

La mano que abre esta puerta es el deseo, o el motivo. No se conoce otra forma de abrir esta puerta. El grado en que se abre la puerta depende del tipo de deseo expresado: sólo los deseos obsesivos, los deseos ardientes, abren la puerta de par en par. Los deseos ardientes no están respaldados únicamente por la razón, sino que van acompañados de una fuerte emoción.

HILL: Sr. Carnegie, ¿cuáles son los beneficios de la Fe?

CARNEGIE: En primer lugar, la fe elimina la intolerancia, porque abrir la mente a la afluencia del poder universal desalienta el pensamiento estrecho.

En segundo lugar, la fe te da una perspectiva más amplia, que promueve la comprensión en todas las relaciones humanas (mejorando así todas las cualidades de una personalidad atractiva).

En tercer lugar, la Fe elimina todos los obstáculos imaginarios en el camino hacia el éxito y te ayuda a superar el obstáculo real que se interpone en tu camino.

HILL: Sr. Carnegie, ¿puede decirnos cuáles considera que son los hechos más importantes relacionados con la Fe?

CARNEGIE: En primer lugar, el poder disponible a través de la Fe es inagotable y libre de usar.

En segundo lugar, el método para acceder a este poder y utilizarlo es sencillo y está al alcance de todos. Todo lo que hay que hacer es apropiarse voluntariamente del poder a través del deseo, o motivo.

El último hecho profundo que mencionaré es que el poder del pensamiento es lo único sobre lo que cualquier ser humano tiene control total, y este derecho está protegido por un sistema que hace imposible que una persona sepa exactamente lo que otra está pensando.

HILL: Ahora, Sr. Carnegie, ¿cuál es el siguiente rasgo de una personalidad atractiva?

CARNEGIE: Es un agudo sentido de la justicia. Debería ser de sentido común (pero está claro que no lo es) que las personas no pueden llegar a ser populares o atractivas a menos que traten con justicia a los demás.

HILL: ¿Qué quiere decir con "justicia"?

CARNEGIE: La justicia, tal y como utilizo el término aquí, significa honestidad intencionada. Algunas personas son honestas sólo cuando les beneficia, pero en cuanto sus intereses están en juego, exageran o abandonan la verdad. La persona con una personalidad agradable se adhiere a una estricta línea de honestidad independientemente de si le beneficia o no. Un agudo sentido de la justicia tiene numerosos beneficios, entre ellos:

1. Aumenta la confianza en uno mismo y la autoestima.

2. Fomenta una conciencia tranquila.

3. Atrae amigos y evita enemigos.

4. Despeja el camino para el estado mental conocido como Fe.

5. Te protege de quedar enredado en polémicas.

6. Impulsa la iniciativa en relación con tu propósito principal en la vida.

7. Disminuye la probabilidad de que sufras daños o vergüenzas personales.

8. Desalienta la codicia y el egoísmo y, en cambio, fomenta la comprensión de tus derechos, privilegios y responsabilidades.

Un agudo sentido de la justicia contribuye directamente al desarrollo de los demás rasgos de una personalidad atractiva.

HILL: Sr. Carnegie, eso nos lleva al número quince en la lista de rasgos de una personalidad agradable, que es...

CARNEGIE: Adecuación de las palabras. No hay excusa para utilizar un lenguaje ofensivo o descuidado en los tiempos que corren. Y conviene evitar los vulgarismos y las expresiones coloquiales. Hay muchas palabras para expresar exactamente lo que se quiere decir sin recurrir a ellas.

HILL: ¿Cómo puede una persona desarrollar un vocabulario amplio y apropiado?

CARNEGIE: Un conocido mío que tiene el mejor vocabulario que conozco y que siempre utiliza la palabra más adecuada en cada circunstancia dedica treinta minutos al día a leer el diccionario. Sí, ¡literalmente a leerlo! Como he dicho antes, el habla es el medio por el que se expresa el pensamiento y el principal medio por el que se juzga a los seres humanos; por eso, el cuidado en la elección de las palabras y en el tono de voz con el que se expresan es de vital importancia.

HILL: ¡Qué maravillosa es la palabra! ¿Cuál es el decimosexto rasgo de una personalidad atractiva?

CARNEGIE: Yo lo he denominado **control emocional**. La inmensa mayoría de las personas se guían principalmente por sus emociones más que por su razón. Nuestra capacidad para controlar las emociones no sólo aumenta el atractivo de nuestra personalidad, sino que también determina en gran medida nuestro éxito.

HILL: ¿Qué sugiere como primer paso para conseguir ese control sobre nuestras emociones, Sr. Carnegie?

CARNEGIE: El primer paso es identificar las emociones principales para poder reconocerlas. Un prestigioso psicólogo ha elaborado una lista de las emociones más comunes, tanto positivas como negativas, que se expresan en la vida cotidiana.

Las siete emociones negativas principales son:

1. Miedo
2. Celos
3. Odio y envidia
4. Venganza y malicia
5. Codicia
6. Superstición y desconfianza
7. Ira

Las siete emociones positivas primarias son:

1. Amor

2. Sexo

3. Esperanza

4. Fe

5. Deseo

6. Optimismo

7. Lealtad

Estas catorce palabras representan el teclado del piano de la Vida, en el que las personas tocan los acordes de la armonía que conducen a la felicidad en su sentido más pleno, o los acordes de la infelicidad que conducen a la miseria y a la oscuridad.

Estas catorce emociones equivalen a la actitud mental. No son más que sentimientos o estados de ánimo. Y lo que es más importante, pueden ser organizadas, dirigidas y completamente controladas por cualquier persona normal.

HILL: ¿Qué medios tienen las personas para controlar sus emociones?

CARNEGIE: Lo único que tiene que hacer la gente es tomar las riendas de su mente y ejercer control sobre sus pensamientos. Si no controlas tus pensamientos, condenarás tu vida a los vientos perdidos del azar.

Recuerda, empiezas a controlar tu mente-y, por lo tanto, tus emociones-cuando adoptas un Propósito Principal Definido. La Definición de Propósito es el punto de partida de todo logro.

• • •

La definición del propósito es el punto de partida de todos los logros.

• • •

HILL: Parece que si la gente comprueba con regularidad cada una de estas emociones, logrará grandes avances en el control de sus reacciones.

CARNEGIE: Así es. Todo el mundo debería crear una lista de comprobación y evaluarse diariamente en cada una de estas emociones. Se trata de un paso positivo hacia el autodominio, un objetivo que deben perseguir y alcanzar todos los que deseen rentabilizar su vida.

HILL: Sr. Carnegie, ya ha tratado los dieciséis primeros rasgos de una personalidad atractiva. ¿Cuál es el siguiente?

CARNEGIE: Vamos a llamarlo **estado de interés** en las personas, lugares y cosas. Si no puedes fijar tu interés a voluntad en cualquier tema o persona y mantenerlo allí durante el tiempo que requiera la ocasión, no tendrás una personalidad atractiva.

El mayor cumplido que puedes hacer a las personas es prestarles toda tu atención cuando lo desean. Por eso es un verdadero mérito escuchar bien, más que hablar bien. No te muestres inquieto, desvíes la mirada ni interrumpas cuando alguien te está hablando. La persona que se interesa más por la conversación de los demás que por la suya propia forjará alianzas más sólidas, accederá a más oportunidades y poseerá un mayor conocimiento de sí misma al estudiar los gestos y rasgos de personalidad de los demás.

La memoria desempeña un papel importante: cuanto más te involucres en tus conversaciones con los demás y más atento estés a tus observaciones, más fácil te resultará recordar detalles importantes sobre los demás, empezando por su nombre. No hay mayor insulto que olvidar el nombre de una persona que ya conoces. Debes recordar el nombre y el aspecto de todas las personas que conozcas. La falta de interés por los demás suele ser un signo de egoísmo. Las personas que se enamoran de sí mismas apenas encuentran rivales.

HILL: Cambiando de tema, ¿cuál es el decimoctavo rasgo de una personalidad atractiva?

CARNEGIE: Es la **capacidad de hablar con firmeza y convicción.** Los elementos no verbales que contribuyen a un discurso eficaz son el ritmo, el énfasis, las pausas intencionadas y una entonación variada, y los elementos verbales son el uso del lenguaje figurado (es decir, metáforas y símiles) y las ilustraciones. La dramatización del discurso —dotándolo de fuerza y dinamismo para hacerlo más atractivo— debe practicarse en la conversación cotidiana como preparación para las grandes ocasiones de ejercer influencia.

HILL: Sr. Carnegie, convendría que compartiera algunos de los pasos necesarios para preparar un discurso eficaz.

CARNEGIE: Con mucho, el factor más importante que contribuye a un discurso eficaz es un conocimiento profundo del tema sobre el que se habla. No hay energía que pueda compensar un conocimiento insuficiente del tema.

El segundo elemento crucial es saber cuándo parar de hablar, que debe ser el momento preciso en que se ha transmitido la idea que se quería comunicar, y no un segundo después.

Además, el orador debe asegurarse de utilizar únicamente palabras que su audiencia pueda entender. Por muy correctamente que se utilicen las palabras, si no son comprensibles para el oyente medio, mermarán la eficacia del orador.

HILL: ¿Qué hay de los gestos, Sr. Carnegie? ¿Tienen cabida en un discurso eficaz?

CARNEGIE: Los gestos sólo pueden aportar dos cosas a un discurso: aumentar su eficacia o restarla. Si no suman, restan. Por lo tanto, los gestos deben complementar el contenido del discurso y deben ser intencionados: evite comportamientos nerviosos como pasarse los dedos por el pelo, meterse las manos en los bolsillos, tantear el reloj u otro accesorio, u otros movimientos inquietos. El orador también debe evitar encorvarse, balancearse o adoptar otras posturas que distraigan.

HILL: Me parece, Sr. Carnegie, que muchos de los rasgos de una personalidad atractiva también determinan si alguien es un orador eficaz.

CARNEGIE: Sí, el tono de voz es importante, porque es el vehículo para transmitir emociones. El orador eficaz disciplina su tono de voz para que resulte agradable al oyente y se adapte bien a las palabras que pronuncia. Del mismo modo, el orador eficaz debe acordarse de que su expresión facial se ajuste al sentimiento que desea transmitir.

HILL: Sr. Carnegie, ¿qué ingrediente de un discurso hace que el público reaccione como el orador desea?

CARNEGIE: El entusiasmo es el elemento esencial de un discurso eficaz que dota a las palabras de suficiente "sentimiento" para que el público las interprete con facilidad. Es difícil que una persona no se sienta conmovida por el entusiasmo de un orador. Es muy contagioso. Da fuerza a las palabras como ninguna otra cosa puede hacerlo.

HILL: Si es así, Sr. Carnegie, díganos cómo podemos generar ese poder mágico del entusiasmo.

CARNEGIE: Tienes que ser sincero en tu propósito y también creer plenamente en la idea que transmites a los demás. Si uno finge entusiasmo, será fácilmente detectado y resentido por su audiencia. Una vez más, el tono de voz es muy importante: si el tono no transmite verdadero entusiasmo, ningún lenguaje rimbombante influirá positivamente en los oyentes. También la mirada contribuye a la capacidad de expresar entusiasmo. Si cree en lo que dice y transmite a sus palabras el sentimiento adecuado, el mundo le reconocerá por su atractiva personalidad!

• • •

Si crees en lo que dices y das a tus palabras el sentimiento adecuado, lo más probable es que el mundo te reconozca por tener una personalidad atractiva.

• • •

HILL: ¿Y cuál es el decimonoveno rasgo de una personalidad agradable, Sr. Carnegie?

CARNEGIE: Versatilidad, que en este contexto se refiere a la comprensión general de una gran variedad de temas relacionados con la naturaleza humana. Huelga decir que las personas que no saben mucho sobre el mundo en que viven rara vez son interesantes o atractivas.

Con todos los medios de acceso a la información disponibles hoy en día, no hay excusa para estar desinformado sobre las cuestiones acuciantes de la actualidad. Además, todo ser humano debería tener cierto grado de autocomprensión y autoconciencia, lo que ayuda a conocer a los demás y a relacionarse con ellos.

HILL: Eso nos lleva al vigésimo rasgo de una personalidad agradable, que es...

CARNEGIE: Un **verdadero cariño por la gente**. Las personas se dan cuenta inmediatamente cuando están en presencia de alguien a quien no le gustan los demás. Naturalmente, se distanciarán de los que sienten aversión por los demás y se sentirán atraídos por los que gustan de los demás.

Las personas no son juzgadas únicamente por sus actos, sino también por sus actitudes mentales dominantes. Y la actitud mental de uno revela clara y definitivamente sus gustos y aversiones. Por lo tanto, aunque una persona a la que no le gustan los demás nunca exprese abiertamente esta aversión, su actitud mental se dará a conocer a los demás, que a su vez sentirán aversión por esa persona. Dado que nuestras vibraciones de pensamiento son perceptibles por otras personas, quien desee tener una personalidad atractiva debe vigilar constantemente no sólo sus acciones, sino también sus pensamientos.

• • •

Tu actitud mental siempre será percibida por los demás.

• • •

HILL: Lo que está diciendo parece estar relacionado con la idea de "temperamento", ¿no es así?

CARNEGIE: El mal genio no es más que una emoción descontrolada, y la persona que no puede controlar sus emociones -y, por extensión, su lenguaje- nunca resultará atractiva para las demás personas.

La mayoría de la gente habla demasiado y dice demasiado poco en las circunstancias más favorables, pero la persona con mal genio y lengua afilada empeora la situación diciendo cosas de las que luego se arrepiente.

HILL: ¿Qué tiene que decir de las personas con una actitud derrotista que aceptan el fracaso como su suerte en la vida?

CARNEGIE: A nadie le importa demasiado la persona que ha abandonado la esperanza de conseguir logros personales o que carece de la ambición de alcanzar algún objetivo digno en la vida. El mundo perdonará a las personas por la mayoría de sus errores si tienen grandes objetivos y esperanzas definidas, pero no perdonará a las personas por los fracasos debidos a la indiferencia o la desesperanza.

HILL: Sr. Carnegie, ¿es posible que las personas que carecen de autodisciplina y están controladas por sus malos hábitos resulten atractivas para los demás?

CARNEGIE: No, la falta de autocontrol destruye el magnetismo personal y garantiza el fracaso en todos sus esfuerzos.

HILL: Creo que una de las causas más comunes de una personalidad poco atractiva es la tendencia a ser gruñón, irritable, nervioso e impaciente. ¿Cuál es su opinión sobre esto, el Sr. Carnegie?

CARNEGIE: La impaciencia no es más que una expresión visible del egoísmo. Esta actitud mental negativa suele ser el resultado de una falta de autocontrol, tanto por los efectos físicos como mentales de la inmadurez. Cuando no cuidas tu cuerpo y tu mente, te sientes pobre, y esto aumenta tu impaciencia e irritabilidad.

HILL: ¿Cuál es el siguiente rasgo de la personalidad?

CARNEGIE: Es la **humildad de corazón.** La arrogancia, la codicia, la vanidad y el egoísmo nunca se encuentran en las personas con una personalidad agradable.

HILL: ¿Pero no se suele asociar la humildad con la timidez?

CARNEGIE: No en el sentido en que yo utilizo el término. La humildad es una postura del corazón que proviene de reconocer (1) que uno es sólo una parte en un engranaje mayor, (2) su relación con el Creador, y (3) que las bendiciones materiales de la vida son un don del Creador para el bien común de toda la humanidad.

HILL: ¿Cuál es el siguiente rasgo que contribuye a una personalidad atractiva?

CARNEGIE: La **habilidad para el espectáculo,** que es una combinación de varios de los otros rasgos. Es la capacidad de combinar la expresión facial, el tono de voz, la vestimenta adecuada, la elección de las palabras, el control de las emociones, la cortesía, el discurso eficaz, la versatilidad, la actitud mental, el sentido del humor, el énfasis y el tacto para dinamizar un entorno o una ocasión de un modo favorable y apropiado que atraiga una atención positiva. No se trata de hacer chistes, payasadas o cotilleos, que son formas negativas de llamar la atención.

El siguiente rasgo está estrechamente relacionado y es **la sana deportividad**, que es la capacidad de gestionar la propia reacción ante la victoria y la derrota. La persona que puede ganar sin presumir y perder sin quejarse se ganará la admiración de los demás. La sana deportividad es un rasgo importante de una personalidad atractiva porque inspira a la gente a cooperar de forma amistosa.

HILL: Hablando de amabilidad, siempre he pensado que, cuando se conoce a alguien por primera vez, es evidente si tiene una buena personalidad o no por la forma en que estrecha la mano.

CARNEGIE: La **habilidad para dar la mano correctamente** tiene mucho que ver con el atractivo de la personalidad, porque la forma en que una persona estrecha la mano confiere una impresión, ya sea positiva o negativa. Los que dan la mano con propiedad tienen más ventaja sobre los que no lo hacen.

HILL: Bueno, hemos llegado a la última de las características de una personalidad agradable. ¿Cuál es, Sr. Carnegie?

CARNEGIE: Es el **magnetismo personal,** que es una forma educada de expresar la energía sensual, también llamada carisma. Es el único rasgo de una personalidad atractiva que no puede desarrollarse mediante el esfuerzo personal: o se nace con él o no. El magnetismo personal puede amplificar las cualidades atractivas de las personas cuando se controla y se utiliza adecuadamente.

HILL: ¿Qué método de control recomienda?

CARNEGIE: La transmutación, o la canalización y conversión de la energía sexual en fines constructivos. Si pones la fuerza creativa de la energía sexual detrás de tu búsqueda del éxito, tendrás pocas dificultades para lograr tus objetivos y persuadir a la gente para que coopere contigo en el camino.

PUNTOS CLAVE

- Ningún tipo de formación o experiencia garantizará el éxito si no se tiene una personalidad atractiva y no se puede interactuar con los demás de forma agradable.

- Los rasgos que conforman una personalidad atractiva son los siguientes:

  - Actitud mental positiva

  - Flexibilidad

° Sinceridad

° Rapidez de decisión

° Cortesía

° El tono de voz

° El hábito de sonreír

° La expresión facial

° El tacto

° Tolerancia

° La franqueza en los modales y en el habla

° Un agudo sentido del humor

° Adecuación de las palabras

° Control emocional

° Despertar de interés

° Hablar con eficacia

° Versatilidad

° Un verdadero cariño por la gente

° Humildad de corazón

° Buen talento para el espectáculo

° Sana deportividad

° La habilidad de dar la mano correctamente

° Magnetismo personal

- El deseo abre la puerta de la Fe, a través de la cual entra el poder universal y moviliza el cerebro para que trabaje hacia el logro.
- La capacidad de controlar las emociones comienza con el control de los pensamientos, y la mejor manera de controlar los pensamientos es poseer un Propósito Principal Definido.
- Un orador dinámico y bien informado siempre se ganará la aprobación de los demás. Los ingredientes clave para hablar con eficacia son la autenticidad y el entusiasmo.
- Tu actitud mental se dará a conocer a las demás personas, independientemente de que verbalices tus sentimientos, gustos y aversiones.
- El mundo perdonará casi cualquier defecto si uno tiene expectativas altas y objetivos definidos, pero no perdonará los fracasos derivados de la indiferencia o el derrotismo.
- El magnetismo personal, o carisma, es el único rasgo de una personalidad atractiva que no puede desarrollarse mediante el esfuerzo personal.

TRANSFORMA TUS PENSAMIENTOS EN ACCIÓN

Estudia la lista de veinticinco rasgos de una personalidad atractiva e identifica dónde residen actualmente tus deficiencias. Elabora un plan para abordar esas carencias y poder afrontar la vida en condiciones más favorables.

____

____

____

____

____

4

FE APLICADA

HILL: ¿Es posible desarrollar la fe necesaria para superar los obstáculos?

CARNEGIE: La fe aplicada, que se manifiesta como confianza en uno mismo, da a todo el mundo el poder de perseverar a través de los desafíos. Es la gran fuerza igualadora que pone a todas las personas al mismo nivel.

HILL: ¿Quiere decir realmente que todos los seres humanos nacen iguales, que nadie tiene una ventaja natural sobre los demás?

CARNEGIE: No se debe cometer el error de suponer que las personas que alcanzan un éxito extraordinario nacen con alguna cualidad peculiar que las demás no poseen. La confianza en uno mismo es un estado mental que está bajo el control de las personas. No es un rasgo innato que posean unos y del que carezcan otros.

Existen diversos grados de confianza en uno mismo, cuya razón explicaré más adelante. La autoconfianza suprema es el resultado de la Fe en la Inteligencia Infinita, y puedes estar seguro de que nadie alcanza nunca este elevado estado mental sin tener una creencia definida en la Inteligencia Infinita y establecer contacto con ella.

El punto de partida en el desarrollo de la confianza en uno mismo es la Definición de Propósito. Es bien sabido que las personas que saben exactamente lo que quieren, tienen un plan definido para conseguirlo y están realmente comprometidas en la realización de ese plan, no tienen ninguna dificultad en creer en su propia capacidad para tener éxito. También es bien sabido que las personas indecisas -las que no tienen rumbo y dejan las cosas para más tarde- pierden pronto la confianza en su propia capacidad y acaban por no hacer nada.

HILL: ¿Pero qué ocurre cuando uno sabe lo que quiere, tiene un plan para conseguirlo, lo pone en práctica y luego fracasa? ¿No destruye el fracaso la confianza en uno mismo?

CARNEGIE: Esperaba que me hicieras esa pregunta, porque me da la oportunidad de abordar un error muy común. El fracaso tiene una ventaja peculiar que conviene destacar, y es el hecho de que todo fracaso lleva consigo la semilla de una ventaja equivalente. Si estudiamos a las personas de más éxito que han existido, descubriremos que su éxito es exactamente proporcional a su dominio de los fracasos.

La vida hace a las personas más fuertes y sabias a través de la derrota y el fracaso. Ten en cuenta que no existe el fracaso permanente hasta que una experiencia ha sido aceptada como tal.

El poder de la mente es tan grande que no tiene limitaciones, excepto las que las personas establecen en sus propias mentes. El poder que elimina todas las limitaciones de la mente es la Fe, principalmente la creencia en la Inteligencia Infinita. Una vez que comprendas plenamente esta verdad, no necesitarás preocuparte por la confianza en ti mismo, porque la poseerás en abundancia

• • •

Cada fracaso lleva consigo la semilla de una ventaja equivalente.

• • •

HILL: La mayoría de la gente no creerá que todo fracaso conlleva la posibilidad de una ventaja equivalente cuando se encuentre con un fracaso. Entonces, ¿qué hacer cuando se encuentra con un fracaso y su confianza en sí mismo queda destruida? ¿Cómo puede recuperar la confianza en sí mismo?

CARNEGIE: La mejor manera de evitar que el fracaso te supere por completo es disciplinar la mente para manejar el fracaso antes de que llegue. Y la mejor manera de hacerlo es formarse hábitos que te permitan controlar tu mente y dirigir tus pensamientos hacia fines concretos.

HILL: ¿Cómo puede alguien tomar el control de su mente, como usted sugiere?

CARNEGIE: Deben comprender y poner en práctica los diecisiete principios de esta filosofía del logro de las personas.

El punto de partida, como ya he mencionado, es adoptar un Propósito Principal Definido. El segundo paso es formar una alianza de Mente Maestra. El tercer paso es desarrollar una personalidad atractiva, que permita a una persona interactuar eficazmente con su alianza de Mente Maestra y con otras personas que son esenciales para el logro de su Propósito Principal Definido. El cuarto paso consiste en formar la disciplina mental de la Fe Aplicada, de la que estamos hablando ahora. La fe es el poder que hace efectivos los otros tres principios, y es un estado mental que cualquiera puede desarrollar y utilizar.

HILL: ¿Existe una fórmula para desarrollar la Fe Aplicada?

CARNEGIE: Antes de compartir esa fórmula, quiero recordar que la ley natural dicta que **lo semejante atrae a lo semejante**. Utilizando esta ley, las personas con grandes logros hacen que su mente sea "consciente del éxito", energizándola con un vivo deseo de alcanzar su propósito principal. Se acostumbran a transformar su Propósito Principal Definido en una obsesión, una obsesión que se intensifica hasta alcanzar la proporción de autohipnosis.

HILL: ¿Cómo pueden las personas desarrollar el estado mental por el que su propósito alcanza la categoría de obsesión?

CARNEGIE: Se consigue adoptando un propósito o plan definido y apoyándolo en un ardiente deseo de realizarlo. Aquí el hábito de la repetición del pensamiento es crucial. Este hábito puede desarrollarse haciendo del objeto de tu plan o propósito el pensamiento dominante de tu mente.

Cuando el deseo es lo suficientemente fuerte, evocará una imagen mental del objeto o propósito, y al habitar en esta imagen mental - tanto pensando como hablando frecuentemente de ello - puede desarrollar una obsesión. Hablar de ello con la alianza de tu Mente Maestra vitalizará aún más tu objetivo o plan principal, asegurando que mantenga una naturaleza obsesiva.

HILL: He oído decir que los humanos pueden convencerse de cualquier cosa si la repiten con suficiente frecuencia, aunque sea mentira.

CARNEGIE: Eso es muy cierto. El principio de la repetición es el medio por el que las personas pueden avivar sus deseos hasta convertirlos en una llama ardiente de intensidad.

Cualquier pensamiento que sea verbalizado y repetido continuamente día a día, a través de discusiones de la Mente Maestra y de otra manera, será tomado por la mente subconsciente eventualmente y llevado a su conclusión lógica.

Para hacer que la vida funcione según tus propios términos, debes darle órdenes seleccionando intencionadamente tus pensamientos dominantes. La mente actuará según los pensamientos dominantes, ya sean positivos o negativos, e independientemente de que los selecciones conscientemente. Si te ocupas con pensamientos de limitación y pobreza, por ejemplo, tu mente se asegurará de que te encuentres con la pobreza.

HILL: Si le estoy entendiendo correctamente, Sr. Carnegie, una persona puede desarrollar confianza en sí misma pensando en lo que desea hacer y creyendo que puede hacerlo, y excluyendo los pensamientos sobre las dificultades que puede encontrar al llevar a cabo sus planes.

CARNEGIE: Así es. Cuando trabajaba como jornalero, oí decir a un compañero: "Odio la pobreza y no la soportaré". Sigue haciendo de jornalero porque fijó su mente en la pobreza y eso es lo que le dio su mente subconsciente. Lo que debería haber hecho es decir: "Me gustan las riquezas, y las ganaré y las recibiré". Mejor aún, debería haber ido un paso más allá y haber descrito el tipo exacto de servicio que pensaba prestar a cambio de las riquezas que deseaba.

HILL: Entonces la mente trae el equivalente físico de aquello en lo que habita.

CARNEGIE: No te equivoques sobre el hecho de que lo hace. Y lo hace por los medios más eficientes y prácticos posibles, utilizando todas las oportunidades para alcanzar el objeto de sus deseos.

HILL: ¿Qué ocurre cuando dos o más personas combinan sus esfuerzos y trabajan en armonía para alcanzar un objetivo concreto?

CARNEGIE: Alcanzan el objeto de ese propósito mucho más rápidamente de lo que podrían hacerlo si trabajaran por su cuenta.

Cuando los líderes de una organización piensan, hablan y actúan juntos en un espíritu de armonía, generalmente consiguen lo que buscan. Es cierto que las personas pueden hablar y pensar por sí mismas en cualquier cosa que deseen.

Los pensamientos son cosas, y cosas poderosas. Son más poderosos cuando se expresan en las palabras de una persona que sabe exactamente lo que quiere, y más poderosos aún cuando se expresan en las palabras de un grupo de personas que están alineadas en pensamientos, palabras y acciones. Esto también se aplica a gran escala. Cuando las naciones empiezan a hablar de guerra y ese es el tema de sus noticias y conversaciones diarias, pronto se encuentran en guerra.

Una de las razones por las que Estados Unidos es una nación tan rica es que sus ciudadanos piensan, hablan y actúan en términos de libertad y riqueza. Nuestra nación nació del deseo de libertad. Nuestros libros de historia están llenos del espíritu de la libertad. Hemos hablado tanto de libertad que la tenemos en abundancia. Dejaremos de tenerla si dejamos de hablar y pensar en ella.

• • •

La gente puede hablar y pensar de sí misma cualquier cosa que desee.

• • •

HILL: Sr. Carnegie, ¿puede darme un ejemplo de cómo la gente obtiene el objeto de sus pensamientos y palabras?

CARNEGIE: Un gran ejemplo son los acontecimientos que condujeron a la firma de la Declaración de Independencia. John Hancock, Samuel Adams y Richard Henry Lee fueron la alianza original de Mentes Maestras que comenzó con el propósito definido de la libertad y persiguió este fin hasta que se hizo realidad en la liberación de las colonias del dominio británico. Amplificaron su poder coordinándose con las personas prominentes de las trece colonias hasta que su agitación encontró salida en la firma de la Declaración de Independencia. Al hacerlo, estaban motivados por una Fe activa. De esta Fe nació el espíritu que dio a los soldados de Washington el poder de vencer a pesar de las dificultades aparentemente insuperables. Fueron necesarios dos años de esfuerzo concentrado -reuniones y cartas a los miembros de la Mente Maestra, que llegó a contar con cincuenta y seis personas- para preparar sus mentes para la realización, a través de la Fe activa, de una tarea difícil y peligrosa.

De manera similar, todos los grandes líderes acondicionan sus mentes para tareas inusuales. Así es como las personas adquieren confianza en sí mismas. Este es un ejemplo del método por el cual la Fe se desarrolla a través de las acciones.

Recuerda que la acción debe seguir a la adopción de un propósito definido. Sin acción, los planes y los objetivos son infructuosos. Los tres hombres que iniciaron a América en el camino hacia la libertad hicieron uso de los mismos principios de logro que deben ser utilizados por el líder exitoso en los negocios o en cualquier otra vocación.

En el desarrollo de la confianza en uno mismo, como en todas las demás empresas mundanas, uno debe comenzar con un motivo basado en un propósito definido.

HILL: Creo que entiendo el proceso por el cual la confianza en uno mismo puede ser adquirida. ¿Puede ahora compartir, Sr. Carnegie, cómo se aplican estos principios cuando se formó la Corporación de Acero de Estados Unidos?

CARNEGIE: En primer lugar, apliqué el principio de la Definición de Propósito de llegar a consolidar la decisión de todos mis intereses industriales de acero en una empresa y vender la empresa.

En segundo lugar, una vez decidida la venta, reuní a algunos miembros de mi grupo Mente Maestra y pasamos varias semanas analizando el valor de mis propiedades para poder fijar un precio justo para mis intereses. También tuvimos que elaborar un plan para encontrar compradores para las propiedades y acercarnos a los posibles compradores sin ponernos en desventaja al revelar nuestro deseo de vender.

Decidimos que, en lugar de poner nuestras propiedades a la venta, los compradores se dirigirían a nosotros con una oferta de compra. Y lo conseguimos organizando una cena en Nueva York a la que asistirían como invitados mi principal ayudante en la Mente Maestra, Charlie Schwab, y un grupo de banqueros de Wall Street que habíamos elegido como posibles compradores. El Sr. Schwab pronunció un discurso en el que presentaría un panorama muy claro de las grandes posibilidades de consolidar mis intereses siderúrgicos en una sola empresa, como habíamos planeado. El discurso pareció espontáneo porque Schwab sugirió que el plan que esbozaba sólo podría llevarse a cabo con mi aprobación y no dio ninguna indicación de que ya la tuviera.

El discurso fue tan impactante que todos los invitados se quedaron hasta bien entrada la noche y, antes de que Schwab se marchara, había obtenido la promesa de los banqueros, incluido J. P. Morgan, de presentarme su propuesta de plan y de hacer lo posible por obtener mi consentimiento.

Sólo más tarde se enteraron de que el discurso fue cuidadosamente preparado con meses de antelación.

HILL: De esta historia deduzco que su confianza en su capacidad para vender sus propiedades era tan grande que planeaba cada movimiento antes de saber quiénes serían sus compradores.

CARNEGIE: Cada movimiento estaba planeado de antemano, pero teníamos una idea bastante clara de quiénes serían nuestros compradores. No planificamos esta transacción con más cuidado que cualquier otro movimiento empresarial. La fe es más firme cuando está respaldada por planes concretos.

• • •

La fe es más sólida cuando está respaldada por planes concretos.

• • •

La fe aplicada nunca implica actuar sin el apoyo de hechos o la suposición razonable de hechos. No sé nada de "fe ciega". Uno de los principales propósitos de una alianza de la Mente Maestra es proporcionar conocimientos fiables sobre los que construir planes. Cuando se tienen esos conocimientos, es fácil desarrollar ese estado mental conocido como Fe.

HILL: Esa afirmación parece contradecir su declaración anterior de que "la suprema confianza en uno mismo resulta de la Fe en la Inteligencia Infinita". Si sólo reconoce la Fe que se basa en hechos o conocimientos demostrables, ¿cómo justifica su Fe en la Inteligencia Infinita, ya que es imposible tener un conocimiento definitivo sobre este tema?

CARNEGIE: Has cometido el error de suponer que no existe ninguna fuente de conocimiento definitivo sobre la Inteligencia Infinita. De hecho, la existencia y los principios de funcionamiento de la Inteligencia Infinita son más fáciles de probar que cualquier otro hecho.

HILL: ¿Puede explicarlo?

CARNEGIE: En primer lugar, el orden de todo en el universo es una prueba indiscutible de que hay un plan universal detrás de todo, algo creado por una forma de inteligencia muy superior a la que los seres humanos entendemos. Basta con observar los movimientos precisos y predecibles de todas las estrellas y planetas, que pueden calcularse y predecirse con cientos de años de antelación. O el proceso por el que las células se unen para formar un ser humano.

También puedo decirte que creo que el poder con el que pensamos y razonamos no es otra cosa que una diminuta porción de la Inteligencia Infinita que funciona a través del cerebro humano. Es bastante obvio que la Inteligencia Infinita trabaja a través de las mentes de los seres humanos y utiliza los medios más prácticos disponibles para llevar a cabo los planes del Creador. Una vez que adquieras este punto de vista, tendrás pocos problemas para depender de la Fe para llevar a cabo tu propósito.

HILL: Dado lo que usted ha dicho sobre el cerebro humano, con su intrincado sistema para recibir y enviar pensamientos, me parece que sirve como la mayor de todas las pruebas de su teoría de que la Inteligencia Infinita es la fuente real del poder del pensamiento. Si esto es correcto (y creo que lo es), entonces parece que sería igualmente cierto que la mayor de todas las fuentes de poder para las soluciones de nuestros problemas de la vida es la que está disponible a través de nuestras propias mentes. ¿Es eso cierto?

Tienes razón. Una vez que comprendas el trabajo real que realiza la mente, nunca más te faltará la confianza en ti mismo para recurrir a las fuerzas de las que dispones a través de tu mente para cada necesidad de la vida, y no tendrás ningún problema en abrir tu mente para que te guíe la Inteligencia Infinita cuando te enfrentes a problemas que no puedas resolver por ti mismo.

El hecho más significativo que hay que recordar sobre la mente es que es lo único sobre lo que las personas tienen un control total. De esto se deduce claramente que el Creador quiso que la mente fuera el mayor activo del ser humano. Por lo tanto, tenemos la responsabilidad de utilizar y desarrollar este activo.

En segundo lugar está el hecho importante de que la mente ha sido dotada de una conciencia para guiarla en el uso del vasto poder que posee.

También es muy significativo que la mente sea capaz de abrirse y cerrarse para filtrar el ruido externo.

HILL: A menudo le he oído referirse al "sexto sentido" de la mente. ¿Qué quiere decir con ese término?

CARNEGIE: El sexto sentido prepara la mente para la conexión directa con otras mentes, haciendo así posible la operación del principio de la Mente Maestra, por lo que puede aumentar el propio poder a través de las fuerzas de otras mentes con el fin de estimular la imaginación. Hay dos condiciones para que esto ocurra: cuando otras mentes se han dejado abiertas a la influencia, ya sea voluntaria o involuntariamente, y cuando existe una relación de armonía y unidad de propósito, como entre los miembros de una alianza de la Mente Maestra.

HILL: Hasta ahora no ha mencionado las funciones más obvias de la mente: la facultad de razonar y el poder de deducción. ¿Qué lugar ocupan en su concepción de la mente?

CARNEGIE: La mente, a través de su capacidad de razonamiento, puede combinar hechos y teorías en hipótesis, ideas y planes. Mediante el poder de la deducción, se puede analizar el pasado para predecir el futuro. La mente tiene el poder de seleccionar, modificar y controlar la naturaleza de sus pensamientos, lo que otorga al ser humano el privilegio de construir su propio carácter y determinar el tipo de pensamientos que dominarán su mente.

HILL: ¿Qué se puede decir del poder de la mente sobre el cuerpo físico?

CARNEGIE: En gran medida, los pensamientos pueden ayudar a mantener la salud física o contribuir a su desintegración. La mente también dirige las funciones básicas del cuerpo.

HILL: ¿Diría que la mente también tiene una función espiritual?

CARNEGIE: A través de la mente podemos comunicarnos con el Creador mediante la oración, por el simple proceso de dejar a un lado el poder de la voluntad y abrir la puerta de la mente subconsciente mediante la Fe. La mente es la fuente de toda emoción, felicidad y miseria, pobreza y riqueza, y de todas las relaciones humanas. No tiene limitaciones, dentro de lo razonable, excepto aquellas que las personas aceptan por su falta de Fe. Verdaderamente, "todo lo que la mente puede creer, ¡la mente puede lograrlo!".

• • •

Todo lo que la mente puede creer, ¡la mente puede lograrlo!

• • •

HILL: ¿Hasta qué punto las personas hacen uso de estas maravillosas facultades de la mente?

CARNEGIE: Lamentablemente, la inmensa mayoría de las personas del mundo se dejan gobernar por el miedo en lugar de por la fe y, por tanto, no acceden al inconmensurable poder de la mente.

HILL: Quizá sería una buena idea nombrar algunos de los miedos más comunes que permitimos que entren en nuestra mente y se conviertan así en limitaciones autoimpuestas.

CARNEGIE: Tememos la pobreza a pesar de estar rodeados de una sobreabundancia de riquezas.

Tememos la mala salud a pesar del ingenioso sistema que la naturaleza ha proporcionado para mantener el orden dentro del cuerpo.

Tememos la crítica cuando no hay críticos a pesar de los que hemos creado en nuestra propia mente.

Tememos la pérdida del amor de amigos y parientes a pesar de que sabemos muy bien que podemos mantener nuestras relaciones suficientemente bien.

Tememos la vejez cuando deberíamos considerarla una fuente de mayor sabiduría.

Tememos la pérdida de la libertad aunque sabemos que la libertad resulta de las relaciones armoniosas con los demás.

Tememos la muerte cuando sabemos que es inevitable y que, por tanto, escapa a nuestro control.

Tememos el fracaso, sin reconocer que todo fracaso lleva consigo la semilla de un beneficio equivalente.

En lugar de abrir nuestras mentes a través de la Fe para la guía de la Inteligencia Infinita, las cerramos herméticamente debido a nuestros miedos innecesarios.

HILL: Pero Sr. Carnegie, ¿cómo puede uno desarrollar la Fe?

CARNEGIE: Te diré cómo: La Fe puede ser desarrollada limpiando la mente de todos los pensamientos negativos, miedos y limitaciones autoimpuestas. Una vez que hayas eliminado estos enemigos, la Fe ocupará su lugar sin esfuerzo. Dale un lugar donde habitar y se establecerá sin contemplaciones ni invitación. Deja de hablar de Fe y empieza a practicarla. ¿Qué puede ser más sencillo?

La gente debe darse cuenta de que todo lo que necesita o desea ya está a su alcance. Todo lo que tienen que hacer es tomar posesión de su propia mente y utilizarla. Para ello, la gente no tiene que consultar a nadie más que a sí misma. El camino para alcanzar la libertad y la abundancia de las necesidades materiales y los lujos de la vida pasa por la mente de las personas.

La confianza en uno mismo y la fe se basan en la definición de propósitos, respaldados por planes de acción concretos. La dilación y la fe no tienen nada en común.

• • •

Deja de hablar de Fe y empieza a practicarla.

• • •

HILL: Por lo que ha dicho, Sr. Carnegie, parece que la mejor manera de empezar a desarrollar la Fe es eligiendo un objetivo y esforzándose por alcanzarlo. ¿Le he entendido correctamente?

CARNEGIE: Exactamente. La fe es un estado mental que puede adquirirse y utilizarse tan fácil y eficazmente como cualquier otro estado mental. Todo es cuestión de comprensión y aplicación. En verdad, "la fe sin obras está muerta".

HILL: ¿Cómo adquirió todo este conocimiento en cuanto a los poderes de la mente?

CARNEGIE: El conocimiento que tengo de los poderes de la mente lo adquirí en la más grande de todas las escuelas, ¡la Universidad de la Vida!

Tengo una sugerencia más sobre cómo desarrollar la Fe, y es ésta: dominando y aplicando los otros dieciséis principios del éxito, te pondrás al alcance de la Fe. Toda la filosofía de realización de las personas es una filosofía de acción. Inspira el esfuerzo basado en la Definición de Propósito, y eso es exactamente lo que se requiere en el desarrollo de la Fe.

PUNTOS CLAVE

- La Fe aplicada, también conocida como confianza en uno mismo, está al alcance de todos por igual. Es un estado mental que está bajo el completo control de las personas.
- La autoconfianza suprema es el resultado de la Fe en la Inteligencia Infinita.
- El punto de partida en el desarrollo de la autoconfianza es la Definición de Propósito. Cuando sabes exactamente lo que quieres, tienes un plan definido para conseguirlo, y estás comprometido en llevar a cabo ese plan, creerás en tu propia habilidad para tener éxito.

- No existe la "Fe ciega". La fe tiene patas más sólidas sobre las que apoyarse cuando está respaldada por planes definidos, que se apoyan en hechos o en la suposición razonable de hechos -conocimiento que puede y debe ser proporcionado por su alianza Mente Maestra.

- Sin acción, los planes y los objetivos son infructuosos. La acción debe seguir a la adopción de un Propósito Principal Definido.

- El fracaso no debe destruir la confianza en uno mismo, porque cada fracaso lleva consigo la semilla de una ventaja equivalente. Disciplina tu mente controlando y dirigiendo tus pensamientos hacia fines definidos para que tengas la perspectiva adecuada sobre el fracaso cuando te encuentres con él.

- Las personas de alto rendimiento se vuelven "conscientes del éxito" al hacer del deseo de alcanzar su Propósito Principal Definido el pensamiento dominante de su mente, transformando así su deseo en una obsesión.

- La mente subconsciente actúa sobre sus pensamientos dominantes, transformándolos en su equivalente físico a través de los medios más eficientes y prácticos posibles.

- La mayoría de las personas no hacen uso de las maravillosas facultades de la mente porque están gobernadas por el miedo. El miedo cierra nuestra mente a la guía de la Inteligencia Infinita. Los ocho miedos principales son:

    ° El miedo a la pobreza

    ° El miedo a la mala salud

    ° El miedo a la crítica

  - El miedo a la pérdida de amigos y parientes
  - El miedo a la vejez
  - El miedo a la pérdida de la libertad
  - El miedo a la muerte
  - El miedo al fracaso

- La fe puede desarrollarse limpiando la mente de todos los pensamientos negativos, miedos y limitaciones autoimpuestas.

TRANSFORMA TUS PENSAMIENTOS EN ACCIÓN

Haz una lista de los miedos a los que has abierto tu mente. Para cada uno de estos miedos, escribe a continuación una afirmación que sustituya el miedo por la fe en un resultado positivo. Léete estas afirmaciones en voz alta con regularidad para que los miedos no vuelvan a aparecer en tu mente.

____

____

____

____

____

____

____

____

5

IR MÁS ALLÁ

Una mañana temprano, Charles M. Schwab salía de su vagón privado en su planta siderúrgica de Pensilvania cuando fue recibido por un joven que era taquígrafo en la oficina de la empresa siderúrgica. El joven le explicó que se había acercado al vagón con la esperanza de prestar algún servicio al Sr. Schwab, como coger las cartas o telegramas que quisiera enviar.

El Sr. Schwab no necesitaba ningún servicio por el momento, pero le dijo al joven que tal vez le llamaría más tarde ese mismo día... ¡y así lo hizo! Cuando el coche privado regresó a Nueva York aquella noche, llevó al joven de vuelta a la ciudad, donde había sido asignado, a petición del señor Schwab, para trabajar en el despacho del magnate del acero.

Este joven fue ascendiendo de un empleo a otro en la empresa siderúrgica hasta que ganó y ahorró lo suficiente para abrir su propio negocio.

Aunque pueda parecer que esta breve historia no tiene nada de significativa, si se analiza detenidamente, revela un principio crucial en la filosofía del logro individual: ¡el hábito de hacer un esfuerzo adicional!

El propio Sr. Schwab señaló que este joven no poseía ni una sola cualidad que le distinguiera de sus compañeros, aparte de una —una cualidad que desarrolló por sí mismo y que pocas personas poseen—: *el hábito de prestar más —y mejor— servicio del que se le pagaba.*

Fue este hábito el que le permitió promocionarse. Fue este hábito el que atrajo la atención del Sr. Schwab. Fue este hábito el que le ayudó a convertirse en el jefe de una empresa, donde también se convirtió en su propio jefe.

Y fue este hábito el que, en última instancia, atrajo la atención del Sr. Carnegie hacia el Sr. Schwab y le dio la capacidad de promocionarse a sí mismo a una posición en la que se convirtió en su propio jefe.

Y fue este hábito el que permitió al Sr. Carnegie ascender de la posición de jornalero a la de propietario de la mayor empresa siderúrgica de América, donde acumuló una inmensa fortuna en dinero y una aún mayor en conocimientos útiles. Mediante la filosofía del éxito de las personas, cualquiera puede aprender una técnica práctica de trabajo para utilizar eficazmente este principio en su propia autopromoción. Los pensamientos del Sr. Carnegie sobre este tema se presentan a continuación.

HILL: Sr. Carnegie, a menudo he oído decir que el éxito es el resultado de la "suerte" - que las personas prósperas han llegado a serlo porque consiguen las "oportunidades" favorables de la vida y otras fracasan porque consiguen las "oportunidades" desfavorables. ¿Ha visto alguna evidencia de esto? ¿Atribuye algo de su propio éxito a la suerte o a las "oportunidades" favorables?

CARNEGIE: Estas preguntas son un buen punto de partida para hablar del quinto principio del éxito de las personas: el hábito de ir más allá, es decir, *el hábito de prestar más y mejor servicio del que se recibe.*

Hay una rueda de la fortuna que controla los destinos humanos, pero se puede influir en ella para que funcione a favor de uno. Si no fuera así, no tendría sentido organizar y compartir las reglas del éxito personal.

HILL: ¿Cómo pueden controlar las personas esta rueda de la fortuna?

CARNEGIE: En primer lugar, las personas deben comprender, dominar y aplicar los diecisiete principios del éxito. Y una regla del éxito en particular, si se aplica correctamente, permitirá a las personas determinar su propio precio: el hábito de hacer un esfuerzo adicional.

La palabra "hábito" es muy importante aquí. Para obtener resultados medibles de este principio, debe aplicarse en todo momento y de todas las formas posibles. Las personas deben prestar el mejor servicio del que sean capaces y hacerlo de forma cordial y respetuosa. Por otra parte, deben hacer esto independientemente de la cantidad de compensación inmediata que reciben, incluso si no reciben ninguna remuneración directa en absoluto.

HILL: Pero Sr. Carnegie, la mayoría de las personas que conozco afirman que ya están haciendo más trabajo del que se les paga. Si esto es cierto, ¿por qué no están haciendo un mejor trabajo de influir en la rueda de la fortuna a su favor de lo que parecen estar haciendo? ¿Por qué no son ricos como usted?

CARNEGIE: En primer lugar, noventa y ocho de cada cien personas no tienen un Propósito Principal Definido mayor que el de ganar su salario diario. Por lo tanto, no importa cuánto trabajo hagan o lo bien que lo hagan, la rueda de la fortuna girará más allá de ellos sin proporcionarles más que una vida básica, ¡porque no esperan ni exigen más!

La principal diferencia entre esas personas y yo es que *yo exijo riquezas en términos definidos, tengo un plan definido para adquirir riquezas, me dedico a llevar a cabo mi plan, y estoy prestando un servicio útil igual en valor a las riquezas que exijo, mientras que los demás no tienen tal plan o propósito.* La vida me está pagando en mis propios términos. Lo mismo hace con las personas que no piden más que su salario habitual. Como ves, la rueda de la fortuna sigue el plano mental que las personas establecen en su propia mente, y les devuelve, en medida física o financiera, un equivalente exacto de ese plano. Existe una Ley de Compensación a través de la cual las personas pueden establecer su propia relación con la vida, incluyendo las posesiones materiales que acumulan. No hay escapatoria a la realidad de esta ley, porque no está hecha por el hombre.

• • •

La rueda de la fortuna sigue el plano mental que estableces en tu mente.

• • •

HILL: Dicho de otro modo, ¿podemos decir que cada persona está donde está y es lo que es por la forma en que utiliza su mente?

CARNEGIE: Sí, es correcto. El mayor reto al que se enfrentan la mayoría de las personas es que no reconocen el poder de su propia mente ni intentan controlarla. Lo que una persona puede hacer con sus manos rara vez le da para vivir. Aquello que una persona puede lograr mediante el uso de su mente puede darle lo que le pida a la vida.

Sigamos analizando el principio de "Ir más allá". Algunas de las ventajas prácticas de este hábito son las siguientes:

1. El hábito de hacer más de lo que se le paga atrae la atención favorable de quienes tienen oportunidades que ofrecer. Nunca he visto a nadie promoverse a sí mismo a una posición más alta y más rentable sin adoptar y seguir este hábito.

2. El hábito le ayuda a desarrollar y mantener la "actitud mental" correcta hacia los demás y hace que su personalidad sea más atractiva, lo que sirve como un medio eficaz para ganar la cooperación amistosa.

3. Te ayuda a beneficiarte de la ley del contraste, ya que la mayoría del mundo hace exactamente lo contrario de este principio y trabaja tan poco como puede. Y eso es más o menos todo lo que consiguen: *¡sólo arreglárselas!*

4. Crea un mercado continuo para tus servicios y asegura la longevidad del empleo.

5. Te permite convertirte en indispensable en tu trabajo, allanando así el camino para que determines tu propia remuneración.

6. Te ayuda a desarrollar la autosuficiencia y la iniciativa personal.

7. Te ayuda a dominar el hábito de vagar sin rumbo, que es la principal razón del fracaso.

8. Ayuda a desarrollar la Claridad de Propósito, el primer principio del éxito.

9. Potencia tu imaginación, lo que favorece la creación de planes prácticos para alcanzar tus objetivos y propósitos.

10. Es un hábito que se puede desarrollar por iniciativa propia, sin el permiso de nadie para hacerlo.

11. Y lo que es más importante, permite beneficiarse de la Ley de los Rendimientos Crecientes, por la que con el tiempo se recibirá una compensación muy superior al valor real de mercado del servicio prestado.

HILL: Sr. Carnegie, ¿todos los hombres que trabajan para usted tienen su permiso para prestar más y mejor servicio de lo que se les paga? Y si es así, ¿cuántos están tomando ventaja de este privilegio?

CARNEGIE: Todos los que trabajan para mí tienen esta oportunidad; de hecho, yo lo aliento tanto en su beneficio como en el mío propio. Pero quizá te sorprenda saber que de entre las miles de personas que trabajan para mí, sólo un número muy reducido ha ejercido este privilegio. Estos pocos son miembros de mi grupo Mente Maestra o empleados en puestos de supervisión. Algunos miembros de mi grupo Mente Maestra, como Charlie Schwab, se han hecho tan indispensables a través del hábito de Ir Más Allá que han ganado hasta un millón de dólares en un año por encima de sus salarios ordinarios.

HILL: ¿No podría haber negociado mejor con aquellos a los que pagó hasta un millón de dólares extra?

CARNEGIE: Claro que habría podido, pero este principio de hacer más de lo que a uno le pagan sirve tanto al empresario como al empleado. Por tanto, al empresario le conviene pagar a sus empleados todo lo que ganan, del mismo modo que es una sabia decisión que los empleados ganen más de lo que reciben.

HILL: Pero si paga a sus empleados todo lo que ganan, ¿cómo pueden prestar más servicios de los que cobran?

CARNEGIE: Tienen que demostrar que son merecedores de esa recompensa económica yendo primero más allá en su trabajo sin recibir una paga extra. Pensemos en el agricultor, que no cobra por su trabajo hasta que prepara cuidadosamente la tierra, la ara, la fertiliza si es necesario, planta la semilla y, finalmente, recoge la cosecha. La Ley del Rendimiento Creciente garantiza que el agricultor será recompensado por sus esfuerzos con más cosechas de las que siembra.

No hace falta mucha imaginación para darse cuenta de que las personas que prestan más y mejores servicios que aquellos por los que se les paga se colocan a sí mismas en posición de beneficiarse de la misma ley. Si las personas prestaran sólo el servicio por el que se les paga, no tendrían ninguna razón lógica para esperar o exigir más que el valor justo de ese servicio.

Uno de los problemas actuales es que muchos empleados intentan invertir esta regla y cobrar más de lo que vale el servicio que prestan. Algunas personas intentan trabajar menos y cobrar más. Esta no es una práctica sostenible. Cuando las personas cobran continuamente más por su trabajo que el valor de sus servicios, agotarán la fuente de su salario.

• • •

La actitud mental adecuada es más valiosa que la habilidad para realizar un determinado trabajo. Las habilidades pueden enseñarse a quienes están dispuestos a aprender.

• • •

A menudo he oído a trabajadores decir: "No me pagan por hacer eso" o "Esa no es mi responsabilidad". Cuando oyes a alguien hablar así, puedes estar seguro de que esas personas nunca obtendrán de su trabajo más que lo mínimo para vivir. Además, ese tipo de actitud mental provoca la antipatía de sus colaboradores; por lo tanto, reduce la probabilidad de que la persona reciba oportunidades de autopromoción.

La primera cualidad que busco en los empleados es una actitud mental positiva y agradable, no la capacidad de hacer el trabajo. Esto se debe a que las personas con una actitud mental negativa perturbarán la armonía del lugar de trabajo. Normalmente, cuando existe la actitud mental adecuada, hay voluntad de aprender; entonces se puede desarrollar la capacidad para hacer un determinado trabajo.

Cuando Charlie Schwab empezó a trabajar para mí, no tenía más habilidades especiales que las de un jornalero normal. Pero tenía una actitud mental imbatible y una personalidad atractiva que le permitían ganarse amigos entre todo tipo de gente. *También tenía una disposición natural a hacer más de lo que le pagaban. De hecho, se desvivía por el trabajo.* No sólo hacía un esfuerzo adicional, sino que daba incluso más de ´si, y lo hacía con una sonrisa en la cara y la actitud correcta en el corazón. Siempre trabajaba con diligencia en sus tareas y volvía a por más cuando terminaba.

A menudo he oído rumores de que Charlie Schwab tuvo una "oportunidad" favorable porque el viejo Carnegie le tomó cariño y le adelantó a todos los demás. La verdad es que Charlie se puso a sí mismo al frente. T*odo lo que tuve que hacer fue mantenerme fuera de su camino y dejarlo ir.* Cualquier "oportunidad" favorable que recibiera, la creaba él mismo por su propia iniciativa.

No hay forma de frenar a una persona con ese tipo de actitud mental. Estas personas escriben su propio precio y lo consiguen fácilmente.

Nótese también que los beneficios de prestar más servicios de los que uno cobra son relevantes más allá de la relación empleador-empleado. La misma regla se aplica a todas las personas que se ganan la vida sirviendo a los demás. Este principio es el mejor medio de crear buena voluntad, lo que anima a la gente a seguir asociándose y siendo condescendiente con quienes prestan más servicio del esperado con una actitud positiva. Además, los que se benefician del servicio extra se lo contarán a sus amigos, poniendo así en funcionamiento la Ley de los Rendimientos Crecientes a favor de las personas.

El hábito de hacer un esfuerzo adicional es la única forma segura de influir en la rueda de la vida, de modo que produzca beneficios suficientes para compensar cualquier desajuste de la vida.

HILL: ¿Conoce a alguien que haya seguido el hábito de ir más allá y no le haya resultado beneficioso?

CARNEGIE: No conozco a ninguna persona de éxito que no siga esta regla consciente o inconscientemente. Si estudias a una persona de éxito, te darás cuenta enseguida de que no trabaja por horas. Las personas de éxito no buscan horarios cortos ni trabajos fáciles; buscan formas de alargar la jornada laboral.

• • •

¡Las personas exitosas no trabajan por reloj!

• • •

HILL:¿Siempre ha tenido la costumbre de hacer más trabajo del que le pagaban?

CARNEGIE: Si no lo hubiera hecho, seguiría siendo jornalero. Ir más allá es un principio de superación que me ha ayudado mucho. Sin embargo, no se puede depender únicamente de este principio para tener éxito. La combinación de los diecisiete principios debe ser aplicada por todos aquellos que deseen alcanzar un éxito sobresaliente y duradero.

Permítanme destacar ahora la importancia de combinar "Ir más allá" con la "Determinación de Propósito". Al ir más allá, uno debe tener un destino final definido en mente. No es ningún problema adoptar este hábito con el fin de influir en la rueda de la vida para que funcione a su favor. Cada cual tiene el privilegio de promocionarse de todas las formas legítimas posibles, sobre todo si es a través de métodos que beneficien a otras personas.

HILL: ¿Qué ocurre con las personas que carecen de educación formal y sólo han podido aceptar puestos que les exigen trabajar con las manos? ¿Tienen las mismas oportunidades que los que tienen estudios?

CARNEGIE: Me alegro de que haga esta pregunta porque mucha gente cree erróneamente que la "educación" consiste en adquirir conocimientos, cuando en realidad significa que *uno ha aprendido a utilizar los conocimientos.* Lo primero es "escolarización", y eso es algo distinto de la educación. La educación se adquiere por uno mismo y sólo se consigue mediante el desarrollo y el uso de la mente. Una persona educada es aquella que ha tomado posesión de su propia mente y la ha desarrollado de tal manera, a través del pensamiento organizado, que le ayuda a resolver sus problemas diarios en el negocio de vivir eficiente y eficazmente. Una persona educada es aquella que ha aprendido a utilizar su mente de tal manera que consigue todo lo que desea sin violar los derechos de los demás.

Así pues, ¡el conocimiento en sí no es educación! Pero hoy en día no hay excusa para que la falta de estudios se interponga en tu camino hacia el éxito. Hay tantas oportunidades de aumentar tus conocimientos -muchas de ellas gratuitas- que nadie puede culpar de su fracaso a la falta de oportunidades educativas. Si una persona realmente quiere avanzar en sus conocimientos, puede ir a la escuela nocturna o continuar su educación a través del autoaprendizaje.

Yo apenas tuve estudios y empecé mi carrera en las mismas condiciones que los demás. No tenía " contactos ", ni privilegios, ni un " tío rico " que me ayudara. La idea de ascender a un puesto más alto era enteramente mía, y la tarea era relativamente fácil. Consistía principalmente en tomar posesión de mi propia mente y utilizarla con determinación de propósito.

HILL: Gracias por esta útil distinción entre "escolarización" y "educación". Si le he entendido bien, usted cree que la mayor parte de la educación proviene de la práctica y no de la mera adquisición de conocimientos.

CARNEGIE: ¡Exactamente! Muchos de mis empleados que tienen títulos universitarios consideran que su formación universitaria es accesoria para su éxito. Aquellos que combinan su formación universitaria con la experiencia práctica pronto se convierten en educados en un sentido práctico, siempre y cuando no utilicen su título académico como excusa para minimizar la importancia de la experiencia práctica.

HILL: ¿Quiere decir que la formación universitaria vale menos que el hábito de hacer más de lo que a uno le pagan?

CARNEGIE: Sí, se podría decir eso. Pero cuando las personas combinan la formación universitaria con el hábito de dar más de sí pueden salir adelante mucho más rápido que aquellos que no tienen formación universitaria pero que prestan más servicios de los que les pagan.

HILL: Sr. Carnegie, ¿no hay empresarios que no reconocen ni recompensan a sus empleados por ir más allá en su trabajo?

CARNEGIE: Sin duda los hay, pero como los empleados que prestan más servicios de los que se les paga son tan raros, otros empleadores entrarán en competencia para contratar al empleado si sus condiciones laborales actuales les resultan insatisfactorias. Y el empleado que es lo bastante sabio como para vivir de acuerdo con este hábito de "ir más allá" seguramente tiene el sentido común suficiente como para saberlo y llamar la atención de un empleador que esté buscando ese tipo de servicio. Cada persona avanza hacia el lugar que le corresponde en la vida, igual que el agua busca y encuentra su nivel.

El espacio que cada persona ocupa en el mundo se mide precisamente por la calidad y la cantidad del servicio que presta, además de la actitud mental con la que se relaciona con otras personas. Como decía Emerson: "Haz lo que debes y tendrás el poder". Esto se aplica a toda vocación y a toda relación humana. Las personas que adquieren y mantienen el poder lo hacen haciéndose útiles a los demás. Todo eso de que la gente llega a puestos altos por "atracción" no tiene sentido. Una persona puede obtener un trabajo por "atracción", pero si permanece en el puesto sólo lo hará por "empuje".

• • •

Las personas que obtienen y mantienen el poder lo hacen haciéndose útiles a los demás.

• • •

La naturaleza ha proporcionado leyes definidas a las que las personas pueden adaptarse provechosamente en relación con el negocio de vivir. Dos de estas leyes son la Ley de la Compensación y la Ley de los Rendimientos Crecientes, las cuales proporcionan una razón sólida para prestar más servicios de los que se nos pagan. Siempre recibiremos de vuelta lo que ponemos en el mundo, y en mayor medida. Por lo tanto, si nos acostumbramos a prestar un servicio superior al que se nos paga, no sólo recibiremos finalmente una compensación por el valor del servicio que hemos prestado, sino que recibiremos recompensas mucho mayores que el esfuerzo que hemos realizado.

PUNTOS CLAVE

- El éxito no es el resultado de la "suerte", las "oportunidades" favorables o los "enchufes". Cada persona crea sus propias oportunidades y fija su propio precio haciendo un esfuerzo adicional, que es el hábito de prestar más y mejor servicio del que se le paga.

- La naturaleza regula la cantidad de riqueza que pueden obtener las personas mediante leyes universales. La Ley de la Compensación dicta que una persona recibirá de vuelta lo que pone en el mundo. La Ley del Rendimiento Creciente establece que una persona acabará recibiendo una compensación muy superior al valor real de mercado del servicio que preste.

- La educación no consiste únicamente en adquirir conocimientos; eso es la escolarización. La educación es la capacidad de desarrollar y controlar la propia mente, a través del pensamiento organizado, de manera que se puedan resolver los problemas cotidianos de la vida con eficiencia y eficacia.

- El espacio que cada persona ocupa en el mundo se mide precisamente por la calidad y la cantidad del servicio que presta, más la actitud mental con que se relaciona con las demás personas.

TRANSFORMA TUS PENSAMIENTOS EN ACCIÓN

Esta semana, identifica una oportunidad para ir un paso más allá en tu negocio o en tu carrera profesional. Puede ser con tu jefe, tus clientes o tus socios. Cuando pongas en práctica este principio, anota los resultados, señalando las relaciones positivas que se desarrollan, las oportunidades que surgen y otros beneficios que se derivan directa o indirectamente de tu servicio adicional.

6

ESFUERZO INDIVIDUAL ORGANIZADO

En este capítulo, comenzamos a analizar uno de los rasgos distintivos de todos los líderes de éxito: El Esfuerzo Individual Organizado, que es otra forma de decir la acción planificada que resulta de la iniciativa personal. Sin el privilegio de la iniciativa personal, es imposible alcanzar logros dignos de mención en cualquier vocación. Ningún privilegio puede ser beneficioso si uno se acuesta sobre él. Ningún privilegio puede ser beneficioso a menos que se organice en un plan definido y se ponga en acción. A continuación, Andrew Carnegie describe los métodos a través de los cuales la iniciativa personal puede organizarse y utilizarse para la consecución de objetivos específicos.

CARNEGIE: La iniciativa personal es el poder a través del cual se ponen en marcha los planes, objetivos y propósitos de una persona. Es la antítesis de uno de los peores rasgos: ***la postergación.***

Las personas de éxito siempre están orientadas a la acción. No puede haber acción sin el ejercicio de la iniciativa personal.

Hay dos formas de acción: (1) la que surge de la necesidad y (2) la que se emprende por elección personal. El liderazgo surge de esta última. Es el resultado de la acción que uno emprende en respuesta a sus propios motivos y deseos.

• • •

Las personas de éxito siempre están orientadas a la acción.

• • •

HILL: ¿Diría usted que el derecho a la iniciativa personal es uno de los mayores privilegios de los que disfrutamos en Estados Unidos?

CARNEGIE: No sólo está entre los mayores, ¡es el mayor! Su importancia queda demostrada por el hecho de que fue garantizado como derecho en la Constitución de los Estados Unidos. Es a través del ejercicio de este privilegio que el trabajador más humilde puede volverse indispensable en cualquier empresa y, eventualmente, convertirse en el dueño de la empresa, o en el dueño de su propia empresa.

HILL: De lo que ha dicho deduzco que el privilegio de actuar por iniciativa propia es un peldaño importante en el camino hacia el éxito.

CARNEGIE: Nunca he conocido a nadie que haya alcanzado un éxito extraordinario sin actuar por iniciativa propia. Cada persona es recompensada en función del servicio que presta por iniciativa propia. A nadie se le obliga a hacer nada en contra de su voluntad. Los que organizan sus esfuerzos en un plan de acción progresan naturalmente más deprisa que los que van a la deriva sin un objetivo o propósito definido.

HILL: Debe de haber ciertas cualidades que hacen que algunas personas tengan más éxito como líderes que otras. ¿Puede darme una lista de los rasgos que considera esenciales para un liderazgo eficaz?

CARNEGIE: Por experiencia propia, he observado que los líderes de éxito en todos los ámbitos de la vida ejemplifican uno o más de los siguientes treinta y un rasgos de liderazgo.

1. La adopción de un Propósito Principal Definido y un plan definido para alcanzarlo.

2. La elección de un motivo que inspire una acción continua en la búsqueda del objeto de su Propósito Principal Definido.

3. Una alianza de Mente Maestra a través de la cual adquirir el poder necesario para un logro digno de mención.

4. Suficiente autoconfianza para lograr el propio objetivo principal.

5. Suficiente autodisciplina para dominar tanto la cabeza como el corazón, ya que *aquellos que no pueden o no quieren controlarse a sí mismos nunca controlarán a los demás.*

6. Persistencia, basada en la voluntad de ganar. *La mayoría de las personas empiezan bien, pero terminan mal. Los que se rinden a la primera señal de oposición nunca llegan muy lejos en ninguna empresa.*

7. Una imaginación bien desarrollada. Los líderes capaces deben buscar siempre ideas nuevas, así como formas nuevas y mejores de hacer las cosas.

8. El hábito de tomar decisiones definitivas y rápidas en todo momento. *Aquellos que no pueden o no quieren tomar sus propias decisiones tienen pocas oportunidades de inducir a otros a seguirles.*

9. El hábito de basar las opiniones en hechos conocidos en lugar de basarse en conjeturas o pruebas de oídas.

10. La capacidad de generar entusiasmo a voluntad y dirigirlo hacia un fin definido. *El entusiasmo incontrolado puede ser tan perjudicial como la falta de entusiasmo. El entusiasmo y la falta del mismo son contagiosos: la energía del líder se refleja en el nivel de entusiasmo de los seguidores.*

11. Un agudo sentido de la equidad y la justicia en cualquier circunstancia. *El hábito de " hacer favoritismos " es destructivo para el liderazgo.*

12. Tolerancia (una mente abierta) en todos los temas y en todo momento, ya que *quienes tienen una mente cerrada no inspiran la confianza de sus asociados.*
13. El hábito de hacer un esfuerzo adicional (hacer más de lo que se le paga y hacerlo con una actitud mental positiva y agradable). *Cuando un líder adquiere el hábito de hacer un esfuerzo adicional, inspira altruismo en sus seguidores.*
14. Tacto y un agudo sentido de la diplomacia, tanto en espíritu como en acción.
15. El hábito de escuchar mucho y hablar poco.
16. El carácter observador. *El hábito de fijarse en los pequeños detalles es esencial para conocer los propios asuntos.*
17. Determinación. *Los líderes de éxito reconocen que la derrota temporal no tiene por qué aceptarse como un fracaso permanente; de hecho, es una oportunidad de aprendizaje.*
18. La capacidad de aceptar las críticas sin resentimiento. *La grandeza pasa por alto la pequeñez de la crítica y sigue adelante.*
19. La templanza en la comida, la bebida y todos los hábitos sociales, ya que *las personas que no pueden controlar sus apetitos tendrán muy poco control sobre otras personas.*
20. Lealtad a todos aquellos a quienes se debe lealtad. *La deslealtad engendra desprecio. Nadie puede triunfar cuando "muerde la mano que le da de comer".*
21. Franqueza con quien tiene derecho a ella.
22. Familiaridad con los nueve motivos básicos que inspiran a los seres humanos a actuar (*véase la lista en el capítulo 2*).

23. Una personalidad suficientemente atractiva para inducir la cooperación espontánea de otras personas (*véase en el capítulo 3 la lista de rasgos que componen una personalidad agradable*).

24. La capacidad de concentrarse plenamente en un tema a la vez.

25. El hábito de aprender de los errores, propios y ajenos.

26. Estar dispuesto a aceptar toda la responsabilidad por los errores de sus subordinados.

27. El hábito de reconocer adecuadamente los méritos de los demás, especialmente cuando han hecho un trabajo excepcionalmente bueno. *La gente suele trabajar más por el reconocimiento de sus méritos que por el dinero. Los líderes de éxito se esfuerzan por reconocer el mérito de sus subordinados.*

28. El hábito de aplicar la Regla de Oro en todas las relaciones.

29. Una actitud mental positiva en todo momento. *La persona gruñona y desconfiada nunca llegará a ser un líder capaz.*

30. El hábito de asumir la plena responsabilidad de todas y cada una de las tareas que uno emprende, independientemente de quién realice realmente el trabajo.

31. Un agudo sentido de los valores y las prioridades. *El líder de éxito evalúa la información y actúa basándose en juicios fundados y no en emociones, y sabe "dar prioridad a lo primero".*

Todas estas cualidades de liderazgo pueden ser desarrolladas y aplicadas por cualquier persona con una inteligencia media.

• • •

Quienes no pueden o no quieren controlarse a sí mismos nunca controlarán a los demás.

• • •

HILL: De su análisis se desprende que el éxito en el liderazgo es en gran medida un estado de ánimo o una actitud mental.

CARNEGIE: La actitud mental adecuada es un factor importante, pero el líder de éxito también debe poseer conocimientos claros sobre su línea de trabajo. Nadie quiere seguir a un líder que sabe menos de su trabajo que sus subordinados.

HILL: ¿Cualquiera es capaz de convertirse en un líder de éxito?

CARNEGIE: ¡De ninguna manera! La mayoría de las personas carecen de la ambición necesaria para realizar el esfuerzo adicional que exige el liderazgo, y tampoco quieren asumir la responsabilidad adicional.

HILL: ¿Cuál es el mejor método para inspirar a la gente a convertirse en líderes en las profesiones que elijan?

CARNEGIE: La mejor forma de inspirar el liderazgo es sembrar en la mente de las personas un motivo concreto para cultivar las cualidades del liderazgo. El afán de lucro es uno de los más populares. Cuando alguien decide adquirir riqueza o alcanzar el éxito, suele empezar a ejercer su privilegio de iniciativa personal para desarrollar el liderazgo.

Otro motivo importante es el de construir y crear. Muchas personas se sienten orgullosas de sus logros personales, especialmente cuando han alcanzado un nivel de seguridad financiera. Ejercen su iniciativa para adquirir influencia y reconocimiento, así como para poder utilizar su dinero como instrumento de expresión personal.

Tomemos como ejemplo a John D. Rockefeller. Acumuló una inmensa fortuna, pero cada dólar de ella se empleó en desarrollar, extender y ampliar alguna forma de servicio industrial, empresarial o filantrópico útil. Gracias a su dinero, ha dado trabajo a miles de personas. Y lo que es más importante, a través de la Fundación Rockefeller, su fortuna está al servicio de la humanidad de forma totalmente independiente de sus propios intereses empresariales. Los pueblos de todo el mundo se benefician de la iniciativa personal del Sr. Rockefeller.

HILL: Su propia iniciativa personal ha añadido claramente mucha riqueza al país. ¿Podría estimar la cantidad?

CARNEGIE: Prefiero hablar de los logros de otros, pero si insiste en una respuesta, le diré que el descubrimiento por parte de mis socios de formas mejores y más económicas de producir acero ha permitido la proliferación de rascacielos en las ciudades americanas. Sin este producto superior, y sin unos precios que permitieran construir estructuras de acero, el rascacielos moderno habría sido imposible.

HILL: ¿Su principal motivación era ganar dinero?

CARNEGIE: No, mi principal motivación siempre ha sido hacer que las personas sean más útiles tanto para sí mismas como para los demás. Al inspirar a las personas para que ejercieran su propia iniciativa, las inicié en el camino de la prestación de servicios útiles que han contribuido en gran medida al desarrollo del gran sistema industrial de Estados Unidos.

HILL: ¿Cuál cree usted que es el mayor mal posible que podría coartar el éxito del pueblo estadounidense en su conjunto?

CARNEGIE: Cualquier cosa que debilite el espíritu de armonía entre sus ciudadanos. *Nuestra unidad de propósito es nuestro mayor activo nacional.* Y bien podría añadir que el mayor mal que puede sobrevenir a una industria o a un negocio es el que perturba la armoniosa relación de trabajo entre quienes se dedican a ello. Los negocios tienen éxito gracias a la cooperación amistosa de quienes se dedican a ellos. La iniciativa personal es un poder para el bien sólo cuando las personas combinan su experiencia y capacidad y trabajan hacia un fin común en un espíritu de armonía y comprensión.

• • •

La iniciativa personal es un poder para el bien sólo cuando las personas combinan su experiencia y capacidad y trabajan hacia un fin común en un espíritu de armonía y comprensión.

• • •

HILL: ¿Cuándo y en qué circunstancias se debe empezar a ejercer la iniciativa personal?

CARNEGIE: El momento de empezar a utilizar la iniciativa personal es inmediatamente después de tomar una decisión firme sobre lo que se quiere conseguir. El momento de empezar es justo entonces.

Si el plan resulta débil, puede cambiarse por otro mejor; pero cualquier tipo de plan es mejor que la procrastinación, el terrible hábito que tiene la gente de esperar a que algo " esté bien" para empezar. Este hábito provoca más fracasos que todos los planes débiles del mundo.

HILL: Pero, ¿no debería uno consultar a los demás y recabar sus opiniones antes de emprender planes importantes?

CARNEGIE: Las "opiniones" son como las arenas del desierto, y la mayoría de ellas son igual de resbaladizas. Todo el mundo tiene una opinión sobre prácticamente todo, pero la mayoría de ellas son indignas de confianza. Los que dudan porque quieren la opinión de los demás antes de empezar a ejercer su iniciativa personal suelen acabar no haciendo nada.

Por supuesto, hay excepciones a esta regla. Hay ocasiones en las que el consejo de otros es absolutamente esencial para el éxito. Pero evita las opiniones ociosas de los conocidos como evitarías una epidemia de enfermedad, porque eso es exactamente lo que son las opiniones ociosas: una enfermedad. Todo el mundo las tiene en abundancia, y la mayoría de la gente las reparte libremente, sin que nadie se las pida.

Recuerdo cuando algunos conocidos míos me anunciaron que me arruinaría al enterarse de que planeaba reducir el precio del acero a veinte dólares la tonelada. Me dieron consejos sin que se los pidiera. No les hice caso y seguí adelante con mis planes. El acero bajó a veinte dólares la tonelada y no me arruiné.

Cuando Henry Ford anunció que fabricaría un automóvil fiable por menos de mil dólares, la gente gritó: "¡Se arruinará!". Pero Ford siguió adelante con sus planes y se convirtió en el factor dominante de una de las mayores industrias de Estados Unidos. Él tampoco quebró.

Ya tendrás tu turno con esas personas de " pensamiento libre" que se pasan el tiempo intentando disuadir a la gente de que utilice su propia iniciativa. Pero si sigues mi consejo, seguirás adelante y apoyarás tu criterio con tu propia iniciativa. Cuando tengas éxito -y lo tendrás-, el mundo te coronará de gloria y pondrá tesoros a tus pies, pero no antes de que te hayas arriesgado y hayas demostrado que tus ideas son sólidas. No te desanimes porque otras personas te digan: "No es el momento adecuado". El momento siempre es adecuado para quienes saben lo que quieren y se ponen a trabajar para conseguirlo. Hazlo lo mejor que puedas y aprenderás de primera mano que esos detractores no son más que un puñado de seres humanos decepcionados que sufren un complejo de inferioridad por haber descuidado su propia iniciativa.

• • •

El tiempo siempre es propicio para los que saben lo que quieren y se ponen a trabajar para conseguirlo.

• • •

El privilegio de la iniciativa personal no vale nada si no se ejerce. Lo que más necesitamos en el mundo es una campaña que mantenga a la gente inspirada para aprovechar las oportunidades que se le presentan de adquirir riquezas.

HILL: Entonces, ¿cree que todavía hay suficientes oportunidades de éxito individual para todas las personas?

CARNEGIE: Sí, hay oportunidades a la altura de la ambición y la capacidad de cada persona en Estados Unidos. Pero la oportunidad no caza a las personas. Son las personas las que cazan la oportunidad a través del Esfuerzo Individual Organizado. Las mayores oportunidades están al alcance de quienes son más capaces de organizar y dirigir sus propios esfuerzos.

HILL: Puede que algunas personas no entiendan lo que quiere decir con el término "Esfuerzo Individual Organizado". ¿Podría definirlo?

CARNEGIE: El principio del Esfuerzo Individual Organizado consiste en un procedimiento muy definido mediante el cual las personas pueden ascender al puesto que deseen o adquirir los bienes materiales que deseen. Los pasos a seguir son los siguientes:

1. Elección de un propósito u objetivo definido

2. Creación de un plan para la consecución de ese objetivo

3. Acción continua en la realización del plan

4. Alianza con quienes cooperarán en la realización del plan

5. Moverse, en todo momento, por iniciativa propia

Otra forma de describir el Esfuerzo Individual Organizado es la acción planificada. Cualquier acción basada en un plan definido tiene más probabilidades de éxito que los esfuerzos de naturaleza desorganizada y fortuita, como los que suelen llevar a cabo la mayoría de las personas. Un liderazgo capaz sin un esfuerzo individual organizado es imposible. Las dos principales diferencias entre líderes y seguidores son las siguientes: (1) el líder planifica cuidadosamente sus esfuerzos y (2) el líder se mueve por iniciativa propia, sin que nadie se lo diga.

Si quieres encontrar a un líder en potencia, mira a tu alrededor hasta que encuentres a una persona que tome sus propias decisiones, planifique su propio trabajo y lleve a cabo sus propios planes por iniciativa propia. En una persona así verás los principales requisitos del liderazgo.

HILL: ¿Y qué hay de la cualidad del genio? ¿No están bendecidos los líderes de la industria y los negocios con alguna forma de genialidad que la mayoría de la gente no posee?

CARNEGIE: Se abusa mucho de la palabra "genio", debido en gran parte a que la mayoría de la gente no se toma la molestia de estudiar lo que ha hecho triunfar a otras personas. Personalmente, no sé lo que es un genio. Nunca he visto ninguno. Pero he visto a muchas personas de éxito a las que se llama genios, cuando en realidad son las personas normales que han descubierto y aplicado ciertas reglas que les han permitido llegar desde donde empezaron hasta donde querían llegar.

Yo diría que la cualidad más cercana a la genialidad que podría describir es un deseo obsesivo de hacer una cosa y hacerla bien, además de la voluntad de actuar por iniciativa propia. En otras palabras, la genialidad es sólo una cuestión de esfuerzo individual organizado y llevado a cabo con coherencia.

HILL: ¿Cree que la iniciativa personal es algo con lo que las personas nacen, que tienen o no tienen?

CARNEGIE: Por lo que he observado, la iniciativa personal se basa en gran medida en los deseos y ambiciones personales. Una persona puede desarrollar la iniciativa rápidamente cuando se obsesiona con algún fuerte deseo o propósito definido.

HILL: ¿Diría entonces que el deseo personal es el principio de todos los logros de las personas?

CARNEGIE: ¡Sí, sin duda! La definición del propósito es el resultado del deseo. Cuando los deseos de una persona adquieren la proporción de una obsesión, por lo general comienzan a traducir los deseos en su equivalente físico a través de la Concreción de Propósito. El deseo, por lo tanto, es el punto de partida de todas las realizaciones de las personas. La presencia de un deseo profundamente arraigado en la mente de una persona tiende a incitarla a la acción como ninguna otra cosa puede hacerlo.

Ningún gran logro es posible sin la aplicación del Esfuerzo Individual Organizado. El uso de este principio para la consecución de los propios deseos no es opcional. Es imprescindible.

PUNTOS CLAVE

- El Esfuerzo Individual Organizado es la acción planificada que surge del ejercicio de la iniciativa personal. Es un requisito para el éxito en el liderazgo.

- La iniciativa personal es el poder a través del cual se ponen en marcha los planes, objetivos y propósitos propios. Es lo contrario de la dilación.

- La iniciativa personal sólo puede ejercerse en un entorno en el que exista un espíritu de armonía y entendimiento entre las personas que lo componen.

- Se puede inspirar a las personas para que desarrollen las cualidades del liderazgo sembrando un motivo definido en su mente. Dos de los motivos más poderosos son el deseo de riqueza y el orgullo del logro personal.

- No espere a que llegue "el momento justo" para actuar en su Propósito Principal Definido. Un plan débil siempre puede sustituirse por otro más fuerte, pero la dilación garantiza el fracaso.

- No retrase la consecución de sus objetivos por las opiniones de sus conocidos. Todo el mundo tiene opiniones en abundancia, y la mayoría de la gente las da libremente, sin que nadie se las pida.

- El genio, correctamente concebido, no es más que el deseo obsesivo de hacer una cosa y hacerla bien, más la voluntad de actuar por iniciativa propia; en otras palabras, es el Esfuerzo Individual Organizado llevado a cabo de forma consecuente

TRANSFORMA TUS PENSAMIENTOS EN ACCIÓN

Organiza tus ideas en un plan definido para alcanzar tu objetivo principal o Propósito Principal Definido. Esboza el plan a continuación y ponlo en práctica. No vaciles por tu propia tendencia a posponer las cosas o por las opiniones de los demás.

7

VISIÓN CREATIVA

HILL: Sr. Carnegie, usted ha dicho que la Visión Creativa es el séptimo principio del éxito de las personas. ¿Puede analizar este principio y describir cómo puede una persona aprovecharlo?

CARNEGIE: En primer lugar, permítame mencionar que Visión Creativa no es más que otra forma de llamar a la imaginación.

Hay dos tipos de imaginación: *la imaginación sintética y la imaginación creativa.*

La imaginación sintética consiste en el acto de combinar ideas, conceptos, planes, hechos y principios existentes en nuevas disposiciones. El viejo axioma "No hay nada nuevo bajo el sol" surgió del hecho de que la mayoría de las cosas que parecen nuevas no son más que una reordenación de lo antiguo.

La imaginación creativa genera ideas de nueva creación que no han sido utilizadas o reconocidas anteriormente. Su fuente es probablemente la mente subconsciente, a través de la cual las personas pueden entrar en contacto con la Inteligencia Infinita y ser guiadas por ella.

HILL: ¿Cuál de los dos tipos de imaginación se utiliza con más frecuencia el día a día?

CARNEGIE: La imaginación sintética es la más utilizada. La imaginación creativa sólo la utilizan quienes han alcanzado algún nivel de liderazgo o han desarrollado una habilidad inusual.

HILL: ¿Puede darnos algunos ejemplos de la aplicación de ambos tipos de imaginación?

CARNEGIE: Thomas Edison utilizó ambos tipos de imaginación, aunque empleó más a menudo la sintética. Perfeccionó su primer invento, la lámpara eléctrica incandescente, creada mediante la nueva combinación de dos principios bien conocidos, sólo después de haber probado sin éxito diez mil combinaciones diferentes de viejas ideas. (*Las personas con un agudo sentido de la imaginación rara vez dejan de intentarlo hasta que encuentran la respuesta a sus problemas*). El Sr. Edison sólo pensó en utilizar el segundo principio después de " dar con la idea" gracias a la imaginación creativa. Al pensar repetidamente en su problema durante un período de tiempo prolongado e intentar resolverlo con miles de experimentos, el Sr. Edison, consciente o inconscientemente, cargó su mente subconsciente con una imagen clara de su problema y, por algún poder misterioso que nadie entiende, su mente subconsciente le dio la solución a su problema en forma de una "corazonada" que le hizo pensar en el principio necesario.

Cuando años más tarde describió la experiencia, el Sr. Edison dijo que cuando le vino la "corazonada", la reconoció inmediatamente como la respuesta que había estado buscando. Además, señaló que cuando la idea "acudió a su mente", trajo consigo un sentimiento de seguridad de su idoneidad que no acompañó a ninguna de las otras miles de ideas que había generado a través de la imaginación sintética. De estas afirmaciones podemos concluir que la mente subconsciente no sólo tiene el poder de crear la solución a los problemas, sino que también tiene la capacidad de obligar a una persona a reconocer la solución cuando se presenta a la mente consciente.

• • •

Las personas con un agudo sentido de la imaginación rara vez dejan de intentarlo hasta que encuentran la respuesta a sus problemas.

• • •

HILL: ¿Se crearon todos los inventos del Sr. Edison mediante el uso conjunto de la imaginación sintética y creativa?

CARNEGIE: No, la mayoría se crearon exclusivamente mediante el uso de la imaginación sintética, pero hubo un invento que nació totalmente de la imaginación creativa: el fonógrafo. Fue una idea totalmente nueva.

HILL: ¿Qué técnica utilizó Edison para aplicar la imaginación creativa al perfeccionamiento de este aparato?

CARNEGIE: La técnica era muy simple. Él impresionó a su mente subconsciente con la idea de una máquina que habla, y se entregó a su mente consciente un plan perfecto para la construcción de una máquina de este tipo. La idea de cómo podría construirse " afloró" en su mente, e inmediatamente se sentó y dibujó un esbozo de la máquina. En cuestión de horas la construyó, la probó y demostró que funcionaba.

HILL: ¿Cómo el Sr. Edison "Impresionó" a su mente subconsciente con la idea de una máquina parlante? ¿Y cuánto tiempo le tomó a su mente subconsciente entregar la clave para su construcción?

CARNEGIE: No estoy seguro de cuánto tiempo llevaba pensando en una máquina así, pero por lo que sé no fueron más de unas pocas semanas, como mucho. Podrían haber sido sólo unos días.

Su método para impresionar a su subconsciente con su deseo consistía en el sencillo procedimiento de convertir el deseo en una obsesión. En otras palabras, la idea de una máquina que grabara y reprodujera sonido se convirtió en el pensamiento dominante de su mente. Se concentró en este pensamiento con tanta frecuencia que se convirtió en una forma de *autosugestión* que penetró en su subconsciente y formó una imagen clara de su deseo.

HILL: ¿Es esa la manera de conectar la mente consciente con la mente subconsciente, Sr. Carnegie?

CARNEGIE: Si, ese es el método más simple que se conoce, por eso he subrayado la importancia de transformar los propios deseos en obsesiones a través de la repetición de pensamientos relacionados con los deseos. Un simple deseo no hace mella en el subconsciente. Sin embargo, un deseo profundo y ardiente es captado por la mente subconsciente y ejecutado rápida y definitivamente.

• • •

Un simple deseo no causa ninguna impresión en la mente subconsciente.

• • •

HILL: ¿Por qué es tan importante la repetición del pensamiento?

CARNEGIE: Porque la repetición del pensamiento crea hábitos de pensamiento en la mente que hacen que la mente trabaje en la idea sin el esfuerzo de la propia conciencia. La mente subconsciente se ocupa primero de los pensamientos que se han convertido en hábitos, especialmente si han adquirido un carácter fuertemente emocional por un deseo profundo y ardiente de su realización.

HILL: Entonces, ¿cualquiera puede hacer uso de la imaginación creativa simplemente infundiendo en su mente subconsciente deseos definidos?

CARNEGIE: Sí, no hay nada que impida a nadie utilizar este principio, pero los resultados prácticos se obtendrán sólo por aquellos que han adquirido disciplina sobre sus hábitos de pensamiento mediante la concentración de interés y deseo. Los pensamientos superficiales que aparecen y desaparecen de forma intermitente y los meros deseos, que constituyen la mayoría de los pensamientos de una persona normal, no dejan huella alguna en la mente subconsciente.

Hay que tener en cuenta, sin embargo, que la mayoría de las fortunas se construyen mediante el uso de la imaginación sintética. Rara vez las personas crean nuevas ideas mediante la aplicación de la imaginación creativa, como hizo el Sr. Edison. Pensemos, por ejemplo, en George Pullman, el inventor del coche cama Pullman. Ni las camas ni los vagones de ferrocarril eran ideas nuevas, pero al combinar ambos tipos de servicio el Sr. Pullman hizo una inmensa fortuna.

Las ideas son producto de la imaginación. Aquellas personas que entrenan su mente para crear ideas, o para dar a las viejas ideas un uso nuevo y mejor, están en el buen camino hacia la obtención de la independencia económica.

La imaginación puede estimularse por diversos medios, entre ellos:

1. La aplicación de los cinco primeros principios del logro de las personas: Definición de Propósito, la Mente Maestra, Ir más allá, Fe Aplicada y Esfuerzo Individual Organizado.

2. El miedo (*que a veces estimula la imaginación pero otras veces la perjudica*), especialmente temer por la propia vida (*la autoconservación es un fuerte motivo para inspirar las facultades imaginativas*).

3. El fracaso y la derrota temporal (*aunque la mayoría de las veces tienen el efecto contrario*).

4. La curiosidad, especialmente sobre los grandes misterios de la vida y la muerte.

5. La autoexpresión, a través de la palabra y la escritura. *En el momento en que las personas empiezan a organizar sus pensamientos para expresarlos con palabras o actos, activan su imaginación.*

6. El hambre, que activa la imaginación sin ningún impulso.

7. Concentración de la atención en un problema o acción definidos.

8. Establecimiento de hipótesis que se pondrán a prueba mediante la investigación y la experimentación científicas.

HILL: ¿Por qué tan pocas personas parecen tener una imaginación bien desarrollada? ¿La imaginación es algo con lo que se nace o sin ella?

CARNEGIE: No, la facultad de la imaginación, como todas las demás facultades de la mente, puede desarrollarse con el uso. La mayoría de la gente deja que la imaginación se atrofie por negligencia.

PUNTOS CLAVE

- Visión creativa no es más que otra forma de llamar a la imaginación. Las personas que entrenan su mente para crear ideas, o para dar un nuevo y mejor uso a viejas ideas, están bien encaminadas hacia la independencia económica.
- Existen dos tipos de imaginación: la imaginación sintética y la imaginación creativa.
  - La imaginación sintética consiste en el acto de combinar ideas, conceptos, planes, datos y principios existentes en nuevas disposiciones.
  - La imaginación creativa genera ideas de nueva creación que no han sido utilizadas o reconocidas anteriormente mediante el funcionamiento de la mente subconsciente y la Inteligencia Infinita.
- Una persona puede hacer uso de la imaginación creativa alimentando repetidamente su mente subconsciente con pensamientos relacionados con su propósito principal, los cuales deben excitarse hasta que se conviertan en un deseo ardiente. Finalmente, la mente subconsciente entregará a la mente consciente la solución en forma de "corazonada" o destello de inspiración.
- La imaginación puede estimularse por diversos medios y debe mantenerse mediante un uso regular.

TRANSFORMA TUS PENSAMIENTOS EN ACCIÓN

¿Qué ideas existentes y realidades constatadas podrían combinarse y reorganizarse para generar una solución única que permita alcanzar el objeto de tu Propósito Principal Definido?

____

____

____

____

____

____

____

____

8

AUTODISCIPLINA

Toda la filosofía de las conquistas humanas puede resumirse en la palabra autodisciplina, ya que permite a las personas desarrollar el control sobre sí mismas, que es el mayor de todos los elementos esenciales del éxito.

Ya has observado cómo los principios de esta filosofía funcionan juntos como los eslabones de una cadena, de tal manera que no se puede omitir uno sin debilitar el conjunto. A través de la autodisciplina, el poder disponible de cada uno de los principios se condensa y está listo para su aplicación en la vida cotidiana. La autodisciplina es el " embudo" a través del cual debe pasar la energía; sin ella, ningún estudiante de la filosofía del éxito personal será capaz de acceder a toda la potencia disponible a través de los diecisiete principios.

El Sr. Carnegie ha hecho hincapié en este principio porque reconoce que las personas no pueden esperar alcanzar un éxito digno de mención sin tener control sobre sí mismas. Ha observado que cuando las personas toman posesión de su propia mente y empiezan a confiar en ella, logran una gran victoria, que les pone al alcance de cualquier cosa que se propongan.

Así pues, la autodisciplina puede definirse como el acto de tomar posesión de la propia mente.

La autodisciplina sólo se puede adquirir mediante la persistencia, mediante la aplicación continua de estos principios. Sin ella, nadie puede esperar acercarse a nada que se parezca remotamente al éxito. Ahora visitaremos al Sr. Carnegie para escuchar lo que tiene que decir sobre el tema.

• • •

No puedes esperar alcanzar un éxito digno de mención si no te controlas a ti mismo.

• • •

HILL: Sr. Carnegie, usted ha señalado la autodisciplina como el octavo principio del logro de las personas. ¿Podría describir el papel que juega la autodisciplina en el éxito y explicar cómo se puede desarrollar y aplicar en la vida cotidiana?

CARNEGIE: La autodisciplina comienza con el dominio de los propios pensamientos. Si no controlas tus pensamientos, no puedes controlar tus actos. La autodisciplina inspira a la gente a pensar primero y actuar después, que es lo contrario de cómo funciona la mayoría de la gente. La mayoría actúa primero y piensa después (si es que piensa).

La autodisciplina proporciona un control total sobre las catorce emociones principales. La mayoría de las personas se rigen por sus emociones en lugar de dirigirlas hacia fines definidos. He aquí una lista de estas emociones:

Las Siete Emociones Positivas:

1. Amor
2. Sexo
3. Esperanza

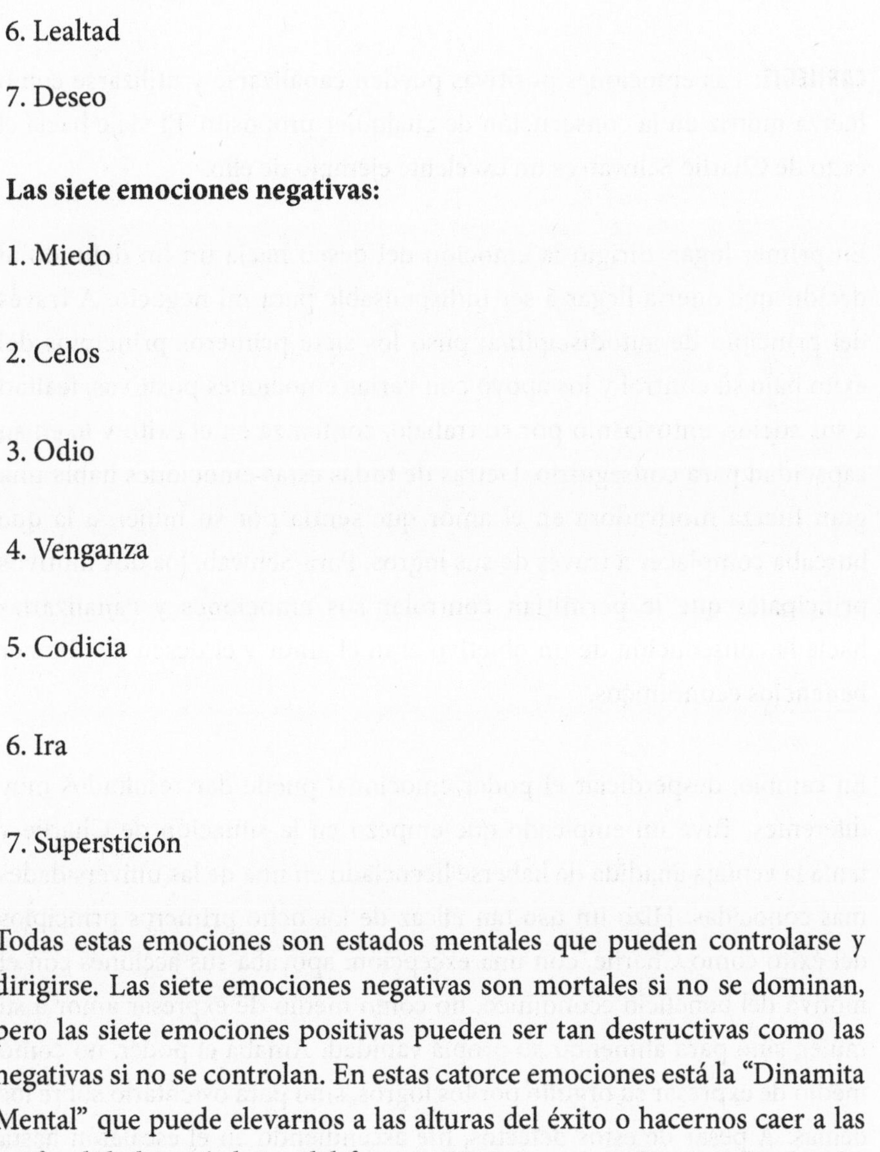

4. Fe

5. Entusiasmo

6. Lealtad

7. Deseo

Las siete emociones negativas:

1. Miedo

2. Celos

3. Odio

4. Venganza

5. Codicia

6. Ira

7. Superstición

Todas estas emociones son estados mentales que pueden controlarse y dirigirse. Las siete emociones negativas son mortales si no se dominan, pero las siete emociones positivas pueden ser tan destructivas como las negativas si no se controlan. En estas catorce emociones está la "Dinamita Mental" que puede elevarnos a las alturas del éxito o hacernos caer a las profundidades más bajas del fracaso. Y ninguna enseñanza, experiencia, inteligencia o buenas intenciones pueden cambiar esta posibilidad.

HILL: Está claro que las emociones negativas pueden arruinar a las personas, pero ¿cómo pueden utilizarse las emociones positivas para impulsar sus esfuerzos hacia el éxito?

CARNEGIE: Las emociones positivas pueden canalizarse y utilizarse como fuerza motriz en la consecución de cualquier propósito. El viaje hacia el éxito de Charlie Schwab es un excelente ejemplo de ello.

En primer lugar, dirigió la emoción del deseo hacia un fin definido al decidir que quería llegar a ser indispensable para mi negocio. A través del principio de autodisciplina, puso los siete primeros principios del éxito bajo su control y los apoyó con varias emociones positivas: lealtad a sus socios, entusiasmo por su trabajo, confianza en el éxito y fe en su capacidad para conseguirlo. Detrás de todas estas emociones había una gran fuerza motivadora en el amor que sentía por su mujer, a la que buscaba complacer a través de sus logros. Para Schwab, los dos motivos principales que le permitían controlar sus emociones y canalizarlas hacia la consecución de un objetivo eran el amor y el deseo de obtener beneficios económicos.

En cambio, desperdiciar el poder emocional puede dar resultados muy diferentes. Tuve un empleado que empezó en la situación de Charlie y tenía la ventaja añadida de haberse licenciado en una de las universidades más conocidas. Hizo un uso tan eficaz de los ocho primeros principios del éxito como Charlie, con una excepción: apoyaba sus acciones con el motivo del beneficio económico, no como medio de expresar amor a su mujer, sino para alimentar su propia vanidad. Amaba el poder, no como medio de expresar su orgullo por los logros, sino para ostentarlo sobre los demás. A pesar de estos defectos, fue ascendiendo en el escalafón hasta llegar a formar parte de mi Mente Maestra, pero finalmente fue expulsado para mantener la armonía en el grupo.

HILL: ¿Cuál era la mayor debilidad de este hombre?

CARNEGIE: ¡Fue la falta de autodisciplina! Si hubiera conseguido dominar sus sentimientos, podría haber triunfado con mucho menos esfuerzo del que Charlie Schwab tuvo que dedicar a su trabajo, porque tenía más formación. No supo controlar y dirigir sus emociones positivas, y cuando vio que se le escapaban, cedió a las emociones negativas, en particular a los celos, el miedo y el odio. Ninguna persona es lo bastante fuerte para triunfar cuando estos enemigos trabajan en su contra.

HILL: Supongo que el poder personal puede ser tanto una maldición como una bendición.

CARNEGIE: Siempre advierto a mis asociados de los peligros del poder personal no controlado. El poder recién adquirido es como las riquezas recién adquiridas: hay que vigilarlo de cerca para no ser víctima de él. La autodisciplina es necesaria para controlar la mente.

Y la autodisciplina exige dominar algo más que las catorce emociones principales. Requiere un presupuesto y un uso estrictos del tiempo. Requiere dominar la procrastinación, un rasgo con el que todos nacemos. Si se aspira al éxito, no se puede perder el tiempo en actividades no esenciales, salvo las necesarias para el ocio, que no son realmente no esenciales.

HILL: ¿Podría nombrar los rasgos de carácter que con más frecuencia impiden la autodisciplina?

CARNEGIE: La lista completa se tratará en la lección sobre "Aprender de la derrota". Pero por ahora, supongamos que los principales enemigos de la autodisciplina son las siete emociones negativas. Cualquiera que busque mejorar su suerte en la vida debe trabajar primero en controlar estas emociones.

La autodisciplina comienza con la formación de hábitos constructivos, especialmente en relación con la comida, la bebida, el sexo y el empleo del llamado "tiempo libre". Generalmente, cuando las personas consiguen controlar estos hábitos, son capaces de regular sus otros hábitos. Ten en cuenta que el dominio de los ocho principios de éxito que hemos mencionado hasta ahora proporciona un medio para que las personas moldeen sus hábitos de modo que les sirvan constructivamente. Por ejemplo, cuando alguien adquiere el hábito de ir un paso más allá, debe calcular su tiempo de forma más inteligente a fin de poder hacer un hueco en su agenda para ofrecer ese servicio adicional.

HILL: Por todo lo que ha dicho, deduzco que la autodisciplina consiste en gran medida en adoptar hábitos constructivos.

CARNEGIE: ¡Esa es precisamente la idea! Los fracasos y los éxitos de una persona son, en última instancia, el resultado de sus hábitos. Afortunadamente, los hábitos se forman solos. Están bajo el control de las personas. Los más importantes son los hábitos de pensamiento, porque los hábitos de acción de una persona reflejan sus hábitos de pensamiento. Cuando una persona consigue controlar sus hábitos de pensamiento, ha recorrido un largo camino hacia la autodisciplina.

Los objetivos concretos son el principio de los hábitos de pensamiento. No es difícil para una persona mantener su mente en aquello que constituye su mayor deseo, especialmente si ese deseo se convierte en un deseo intenso. La autodisciplina sin un motivo definido es imposible y tendría poco valor. Puedes tener suficiente autodisciplina para sentarte todo el día sobre puntas afiladas de clavos clavados en tablas, pero si no hay un motivo constructivo detrás de esta acción, tu disciplina es inútil.

• • •

Los hábitos más importantes son los hábitos de pensamiento.

• • •

HILL: ¿Así que autodisciplina significa dominio completo tanto de los hábitos de pensamiento como de los hábitos físicos?

CARNEGIE: ¡Autodisciplina significa completo dominio de uno mismo!

También debo mencionar que la autodisciplina implica equilibrar las emociones con la lógica. A veces, una situación requiere que una persona deje de lado sus emociones por completo y actúe basándose en la mera razón. Las personas deben aprender a responder tanto a su razón como a sus sentimientos en función de la naturaleza de la situación.

HILL: ¿No sería siempre más seguro que la gente se guiara por su facultad de razonar, dejando al margen sus emociones?

CARNEGIE: Eso sería muy poco inteligente, aunque fuera posible, porque las emociones proporcionan la fuerza motriz que permite a las personas poner en práctica sus decisiones. La solución es controlar y disciplinar las emociones, no eliminarlas (lo que ni siquiera es posible). Las emociones humanas son como un río: su poder puede embalsarse y liberarse en el grado y dirección que uno desee, pero no pueden eliminarse. Mediante la autodisciplina, las personas pueden organizar sus emociones y liberarlas, de forma muy concentrada, como medio para alcanzar el objeto de sus planes y propósitos.

Las dos emociones más poderosas son las del amor y el sexo. Las otras emociones positivas de esperanza, fe, entusiasmo, lealtad y deseo no son más que aplicaciones especializadas de estas dos emociones. ¿Quién querría destruir las emociones, sabiendo que son el mayor poder a disposición de los seres humanos? Y una vez desaparecidas, a la facultad de la razón no le quedaría nada que dirigir. Un ser humano sin emociones sería un ser dócil, incapaz de lograr nada sustancial.

HILL: La autodisciplina, entonces, ¿es la herramienta con la que las personas pueden aprovechar y dirigir sus emociones en la dirección que elijan?

CARNEGIE: Así es. Y permíteme decir también que la Visión Creativa es el resultado de la autodisciplina que ha transformado las emociones del amor y el sexo en un plan o propósito especializado. Los más grandes inventores, artistas, empresarios y líderes del pensamiento han alcanzado su posición aprovechando y dirigiendo sus emociones naturales de amor y sexo como una fuerza impulsora detrás de sus esfuerzos. Por tanto, no debemos avergonzarnos de estas emociones, sino aprender a controlarlas y utilizarlas en nuestro beneficio.

HILL: Parece que la aplicación más importante de la autodisciplina es el control y la dirección de la emoción sexual, ¿es correcto?

CARNEGIE: Sí, y una vez que una persona controla esta emoción, tendrá pocos problemas para controlar las demás. Del mismo modo, si una persona no puede controlar la emoción del sexo, tendrá dificultades para controlar otros rasgos.

Es a través de la unión armoniosa de un hombre y una mujer que llegan a poseer su mayor poder espiritual. Siempre que un hombre y una mujer unen sus emociones en un espíritu de armonía, para la consecución de un fin definido, se vuelven casi invencibles contra todas las formas de desaliento y derrota temporal.

Nótese que no estoy hablando meramente de la expresión física del sexo, sino más bien de la emoción innata que da a los humanos su capacidad creativa. Cuando el sexo se degrada a sus niveles físicos más bajos, pierde todo su poder y, de hecho, se convierte en una fuerza destructiva. Sin embargo, cuando se combina con la emoción del amor y se canaliza hacia un objetivo más elevado y definido, la emoción del sexo produce un poder creativo que alcanza un nivel espiritual.

HILL: ¿Cómo se puede controlar la emoción del sexo?

CARNEGIE: El mecanismo de seguridad consiste en convertir la energía del sexo en una fuerza motriz que pueda colocarse detrás del Propósito Principal Definido de cada uno.

Cuando se utiliza de esta manera, se convierte en un activo inestimable, incluso cuando no va acompañada de la emoción del amor.

La emoción del sexo siempre encontrará un medio de expresión. Para volver a la metáfora del río, esta emoción puede ser retenida y sus poderes desviados hacia cualquier forma de acción que uno desee, pero no se le puede cerrar la expresión sin causar un gran daño. Y como el agua de un río que ha sido embalsada, si no se libera en condiciones controladas, estallará, por la pura fuerza de su propio poder inherente, en formas destructivas.

HILL: ¿Podría explicarnos ahora cómo influyen las emociones del amor y el sexo en la vida cotidiana?

CARNEGIE: Ambas emociones inspiran más actividad que todos los demás motivos juntos. La mejor literatura, poesía, arte, teatro y música tienen sus raíces en el amor. Los oradores más consumados avivan sus palabras a través de las fuerzas magnéticas del amor y el sexo, convertidas en entusiasmo.

HILL: ¿Pueden los seres humanos encontrar algún uso positivo a las emociones negativas?

CARNEGIE: Sí, las emociones negativas, como el miedo, los celos y la ira, pueden controlarse mediante la autodisciplina y ponerse al servicio de fines útiles, como inspirar acciones en las que una persona no se habría involucrado de otro modo. Pero todas las acciones que surgen de las emociones negativas deben ser moderadas por la facultad de la razón para que puedan ser guiadas hacia fines constructivos. Nadie debería, en ningún momento, actuar según sus emociones sin contrastar primero los pensamientos que surgen de ellas con el poder de la razón. Esta es la función principal de la autodisciplina, que equilibra los poderes de la "cabeza" y el "corazón".

PUNTOS CLAVE

- No se puede alcanzar un éxito digno de mención sin lograr primero el control sobre uno mismo.
- La autodisciplina es el acto de tomar posesión de tu mente. Comienza con el dominio de tus pensamientos, ya que no puedes controlar tus acciones sin controlar primero tus pensamientos.
- Los hábitos de pensamiento constructivos pueden formarse adquiriendo motivaciones definidas y manteniendo tus pensamientos centrados en estas motivaciones. La autodisciplina tiene poco valor si no está dirigida hacia un objetivo definido.
- La autodisciplina requiere que controles tus emociones, las dirijas hacia fines concretos y las equilibres con la lógica. También requiere

que utilices tu tiempo sabiamente y no cedas a la tentación de la postergación.

- Las emociones son el mayor poder del que dispone el ser humano, sobre todo las emociones del sexo y el amor. A través de la autodisciplina, puedes organizar tus emociones y liberarlas, en una forma altamente concentrada, como un medio para lograr tu Propósito Principal Definido.

TRANSFORMA TUS PENSAMIENTOS EN ACCIÓN

¿En qué áreas de tu vida careces de autodisciplina? Haz un plan para crear hábitos de pensamiento constructivos que fortalezcan tu autodisciplina en estas áreas.

____

____

____

____

____

____

____

____

9

PENSAMIENTO ORGANIZADO

HILL: Usted ha explicado que el noveno principio del logro personal es el Pensamiento Organizado, porque nadie puede tener éxito sin la capacidad de organizar sus hábitos de pensamiento. Sr. Carnegie, ¿puede explicar lo que significa el término "pensamiento organizado" y cómo se aplica este principio en la vida cotidiana?

CARNEGIE: Antes de hablar de la organización del pensamiento, examinemos primero el pensamiento mismo. ¿Qué es el pensamiento? ¿Cuál es el medio por el que pensamos? ¿Puede una persona controlar sus pensamientos?

El pensamiento es una forma de energía que se distribuye por todo el cerebro, pero tiene una cualidad única que lo distingue de todas las demás formas de energía: ¡tiene inteligencia!

El pensamiento puede controlarse y dirigirse hacia la consecución de cualquier cosa que una persona desee. De hecho, como he mencionado antes, el pensamiento es lo único sobre lo que cualquier persona tiene un control completo e indiscutible.

Este sistema de control es tan completo que es imposible leer los pensamientos de otra persona a menos que ésta se haya despreocupado de su mente. A veces, las personas revelan voluntariamente la naturaleza de sus pensamientos a través del habla y los gestos, como la expresión facial. Dejar la mente abierta es como dejar la puerta de casa abierta, con todos los objetos de valor dentro, salvo que la pérdida es mucho mayor: no sólo otras personas pueden hacer uso de los pensamientos de uno, sino que también pueden sembrar pensamientos destructivos en la mente.

HILL: Entonces, ¿cree que los pensamientos de una persona pueden afectar a los de otra sin que lleguen a expresarse?

CARNEGIE: Sí, nuestras mentes son bombardeadas constantemente con los impulsos de pensamiento que emiten las mentes de los demás, sobre todo de aquellos con los que interactuamos habitualmente. Basta con que un trabajador tenga una mentalidad negativa para infectar de negatividad a todos los que se encuentran en su radio de influencia; ni siquiera tiene que pronunciar una palabra o realizar una acción que indique su estado de ánimo.

HILL: ¿Y por eso insiste tanto en la necesidad de armonía entre los miembros de un grupo de la Mente Maestra?

CARNEGIE: Sí, es una de las principales razones. El poder mental de un grupo de personas puede organizarse de modo que funcione como una unidad poderosa sólo cuando existe una compenetración perfecta entre ellas.

HILL: ¿Es la alianza de la Mente Maestra, entonces, uno de los pasos más importantes en el pensamiento organizado?

CARNEGIE: Sí, muy probablemente el paso más importante. Pero el pensamiento organizado comienza con la organización de los hábitos de pensamiento de las personas. Para convertirse en un miembro efectivo de una alianza de Mentes Maestras, ¡las personas deben primero formar *hábitos de pensamiento definidos y controlados*! De hecho, nunca puede haber plena seguridad de armonía en un grupo de Mente Maestra a menos que cada miembro del grupo sea tan autodisciplinado que pueda controlar sus propios pensamientos.

HILL: ¿Cómo puede una persona formar hábitos de pensamiento concretos de modo que los hábitos funcionen automáticamente, sin necesidad de ningún esfuerzo deliberado? Eso parece que sería bastante difícil.

CARNEGIE: No, no hay nada difícil en la formación de hábitos de pensamiento. De hecho, la mente está constantemente formando hábitos de pensamiento sin que uno sea consciente de ello, porque responde a todas las influencias que recibe del entorno cotidiano. A través de la autodisciplina, una persona puede cambiar el funcionamiento de la mente para que responda a asuntos de su propia elección en lugar de a las influencias casuales de su entorno. Esto se logra estableciendo en la mente un motivo definido, basado en un propósito concreto, e intensificando ese propósito hasta que se convierta en una obsesión. Dicho de otra manera: una persona puede llenar su mente con un propósito definido tan interesante que no le deje tiempo u oportunidad para detenerse en otros temas, el resultado es que se formarán hábitos de pensamiento determinados.

HILL: Entonces, ¿el pensamiento organizado comienza con un propósito definido?

CARNEGIE: Todo lo que una persona logra comienza con la definición de propósito, pero el propósito debe expresarse en términos de acción intensa motivada por un deseo ardiente.

HILL: Creo que entiendo lo que quiere decir. Por ejemplo, un joven enamorado no tiene dificultad en fijar su mente en el objeto de su amor, y a menudo su mente elabora formas de conseguir que su amor sea correspondido.

Sin embargo, con otros propósitos, como el desarrollo de un negocio, o la consecución de una posición, o la acumulación de dinero, uno no puede normalmente poner en ello el mismo tipo de deseo emocional que el que experimenta por el objeto de sus afectos. ¿Por qué entonces?

CARNEGIE: Cualquier tipo de deseo es de naturaleza emocional y puede utilizarse para estimular la acción hacia un fin definido. Además, otros deseos, como el deseo de acumular riquezas materiales, pueden combinarse con la emoción del amor para inducir aún más la formación de hábitos de pensamiento controlados.

HILL: ¿Cómo puede una persona convertir un hábito en permanente?

CARNEGIE: Los hábitos se fijan por alguna ley desconocida de la naturaleza que hace que los impulsos del pensamiento sean asumidos por la mente subconsciente y llevados a cabo voluntariamente. Esta ley no crea hábitos; sólo los fija para que funcionen automáticamente. La persona comienza un hábito repitiendo un pensamiento o una acción. Después de un tiempo -y la duración depende del sentimiento emocional que acompaña al pensamiento- los hábitos de pensamiento se vuelven automáticos. Este es el medio por el cual las personas pueden tomar el control de su propia mente.

HILL: ¿Entonces una persona puede controlar los hábitos que forma?

CARNEGIE: Sí, de hecho el control de la formación de hábitos es una parte crucial del pensamiento organizado. Las personas pueden establecer cualquier hábito de pensamiento que elijan, llevarlo a cabo durante un periodo de tiempo, y entonces se perpetuará automáticamente sin que uno sea consciente de ello. Es probable que la ley que fija los hábitos de las personas sea similar a la ley de la gravedad.[1] Ojalá pudiera extenderme

---

1 Este comentario plantó en la mente de Hill la semilla que se desarrolló, treinta años más tarde, en la revelación de la Ley del Hábito-Fuerza Cósmica, que se describe en un capítulo posterior.

más sobre este tema. Todo lo que sé con certeza sobre el hábito es que cualquier pensamiento o acción física que se repite tiende a perpetuarse a través de alguna fuerza que lleva a cabo el hábito automáticamente.

También sabemos que los hábitos pueden cambiarse o eliminarse por completo mediante el simple proceso de adoptar voluntariamente hábitos diferentes de naturaleza más fuerte. Por ejemplo, el hábito de procrastinar puede superarse estableciendo hábitos de iniciativa rápida basados en un motivo lo suficientemente fuerte como para garantizar que los mejores hábitos dominen los pensamientos de uno hasta que se conviertan en automáticos. Casi todos los hábitos que una persona adopta voluntariamente son el resultado de un motivo o propósito definido. Si los hábitos no se fijan voluntariamente, se desarrollan sin la ayuda consciente de uno, que es como se forman los hábitos indeseables.

HILL: Parece bastante claro que el principio de autodisciplina es necesario para formar hábitos deliberadamente. ¿Es así?

CARNEGIE: Autodisciplina es casi sinónimo de pensamiento organizado. No puede haber pensamiento organizado sin una estricta autodisciplina, porque después de todo, el pensamiento organizado no es más que pensamiento cuidadosamente elegido. Los hábitos de pensamiento sólo pueden establecerse a través de una estricta autodisciplina, que se hace más fácil al tener un motivo definido respaldado por un deseo ardiente.

• • •

El pensamiento organizado no es más que pensamiento cuidadosamente elegido.

• • •

HILL: ¿Quiere decir que es más fácil crear hábitos de pensamiento en relación con temas que nos apasionan?

CARNEGIE: Sí, el pensamiento desorganizado es el resultado de no haber elegido una vocación que nos estimule. Siempre serás más eficaz cuando te dediques al tipo de trabajo que te gusta. Por eso debes elegir tu Propósito Principal Definido.

HILL: ¿Podría describir brevemente las principales ventajas del pensamiento organizado?

CARNEGIE: Hay tantos beneficios que es imposible nombrarlos todos, pero estas son algunas de las ventajas más obvias:

1. El pensamiento organizado te permite convertirte en el amo de tu propia mente a través de la fuerza de voluntad y el control de las emociones.
2. El pensamiento organizado te obliga a trabajar con Definitividad de Propósito, lo que te permite superar el hábito de procrastinar.
3. Desarrolla el hábito de trabajar con planes definidos en lugar de vagar sin rumbo.
4. Te permite estimular la mente subconsciente para que trabaje hacia el logro de tu Propósito Principal Definido en lugar de distraerse con influencias negativas del entorno.
5. Desarrolla la confianza en uno mismo.
6. Te da el beneficio del conocimiento, la experiencia y la educación de otros a través de la alianza de la Mente Maestra.
7. Te permite cosechar mayores recompensas de tus esfuerzos ya que una mente organizada puede producir más éxito material que una mente desorganizada.
8. Desarrolla tu capacidad de pensamiento crítico para que puedas

encontrar soluciones a tus problemas en lugar de preocuparte por ellos.

9. Te ayuda a mantener una buena salud porque la fuerza mental que está dirigida y organizada hacia la consecución de un objetivo definido no tiene tiempo que perder pensando en dolencias imaginarias.

10. Por último, el pensamiento organizado contribuye a la paz mental y a esa forma de felicidad permanente que sólo conocen aquellos que mantienen su mente totalmente ocupada.

El cerebro es como un jardín: crecerá una cosecha de malas hierbas si no se organiza y se mantiene ocupado cultivando una cosecha más deseable. Las malas hierbas representan los pensamientos extraviados que provienen del entorno y se apoderan de la mente desorganizada y ociosa.

Cualquiera de los beneficios mencionados es razón suficiente para organizar el pensamiento, pero la suma de todos ellos representa la diferencia entre el éxito y el fracaso. El éxito es siempre el resultado de una vida ordenada. Una vida ordenada es el resultado de un pensamiento organizado y unos hábitos cuidadosamente controlados.

• • •

El éxito es siempre el resultado de una vida ordenada.

• • •

HILL: Por lo que ha dicho, parece que el trabajo y el pensamiento organizado van de la mano.

CARNEGIE: El trabajo es necesario para el pensamiento organizado. El trabajo es la fuerza del pensamiento traducida en acción física, y el pensamiento organizado no puede convertirse en hábito hasta que no se expresa como acción.

HILL: ¿Puede explicar con más detalle los pasos exactos que hay que dar para organizar el pensamiento?

CARNEGIE: En primer lugar, debes reconocer que es tu responsabilidad -y sólo tuya- desarrollar voluntariamente hábitos de pensamiento que puedan utilizarse de forma constructiva para la consecución de un objetivo definido.

A continuación, debes aprender a reunir información fiable. Las conjeturas, los deseos esperanzados y las pruebas de oídas no pueden servir de apoyo a un pensamiento organizado.

Aquí es donde el principio de la Mente Maestra se hace indispensable, ya que te permite aumentar su comprensión con el conocimiento, la educación y la experiencia de los miembros de tu alianza.

Quienes son hábiles en el pensamiento organizado comprenden las posibilidades del poder del pensamiento, se dedican a pensar con precisión y saben cómo complementar su propio conocimiento con la perspicacia y la experiencia de los demás. Nunca utilizan su poder para engañar, dañar o destruir a los demás. Mira en los libros de historia y verás que sólo se han preservado los logros y las obras de personas que han utilizado su poder mental de forma beneficiosa.

PUNTOS CLAVE

- El pensamiento es una forma de energía que puede ser controlada y dirigida hacia la consecución de cualquier cosa que desees.
- Es muy arriesgado dejar la mente abierta a las influencias de los demás, ya que la mente absorbe los estímulos del entorno y crea hábitos de pensamiento a partir de ellos.
- Puedes organizar y controlar tus pensamientos utilizando la autodisciplina para establecer en la mente un motivo definido, basado en un propósito definido, e intensificando ese propósito hasta que se convierta en una obsesión.
- Los hábitos se fijan por alguna ley desconocida de la naturaleza que hace que los pensamientos repetidos sean asumidos por la mente subconsciente y llevados a cabo voluntariamente.
- Los hábitos pueden cambiarse o eliminarse por completo mediante el simple proceso de adoptar voluntariamente hábitos diferentes de naturaleza más fuerte.
- Las mentes ociosas cultivan pensamientos desorganizados.

TRANSFORMA TUS PENSAMIENTOS EN ACCIÓN

¿Qué hábitos de pensamiento tienes que eliminar y cuáles tienes que cultivar? Establece un plan para eliminar los hábitos de pensamiento destructivos y sustituirlos por hábitos de pensamiento constructivos que te ayuden a alcanzar tu objetivo principal.

10

APRENDER DE LAS DERROTAS

Dos hechos importantes de la vida me llaman la atención: en primer lugar, que todo el mundo se encontrará con la derrota en algún momento de su vida; y en segundo lugar, *que toda adversidad lleva consigo la semilla de un valor equivalente*. Este capítulo explicará cómo hacer que la derrota produzca esta "semilla de un valor equivalente" y convertirla en un trampolín para mayores logros.

HILL: Sr. Carnegie, usted ha dicho anteriormente que la derrota puede convertirse en un bien inestimable si uno adopta la actitud correcta hacia ella. ¿Puede explicar ahora cuál es la actitud correcta?

CARNEGIE: La actitud correcta hacia la derrota es negarse a aceptarla como algo más que temporal, y esta actitud se puede desarrollar utilizando la fuerza de voluntad para percibir la derrota como una oportunidad para demostrar la propia resistencia. Además, hay que considerar el fracaso como una señal de que se está avanzando en la dirección equivocada y simplemente hay que corregir el rumbo. Aunque desagradable, la derrota puede ser muy beneficiosa.

HILL: Entiendo su punto de vista, pero a veces la derrota es tan severa que destruye la autoconfianza y la iniciativa de una persona. ¿Qué se puede hacer para evitarlo?

CARNEGIE: La autodisciplina es crucial en este caso, porque las personas bien disciplinadas no permiten que nada destruya su confianza en sí mismas ni les impide reorganizar sus planes y seguir adelante cuando son derrotadas.

Cambian sus planes si es necesario cambiarlos, pero nunca cambian su propósito. Los que dominan el Pensamiento Organizado saben que su fuerza de voluntad puede con cualquier desafío. No dejan que nada destruya su voluntad de vencer.

• • •

La derrota puede convertirse en un activo inestimable si se adopta la actitud adecuada ante ella.

• • •

HILL: ¿Está diciendo que hay que aceptar la derrota para desarrollar la fuerza de voluntad?

CARNEGIE: Sí. Como ya he dicho antes, mediante la autodisciplina, toda emoción negativa puede convertirse en una fuerza constructiva y utilizarse para alcanzar fines deseables. Y cada vez que esto ocurre, la fuerza de voluntad se fortalece.

Recuerda también que la mente subconsciente actúa en función de la actitud mental de cada uno. Así que si la derrota se acepta como permanente en lugar de considerarla como un mero estímulo para una acción mayor, la mente subconsciente encontrará la manera de hacerla permanente. Por lo tanto, puedes ver lo importante que es buscar lo bueno en cada forma de derrota. La actitud mental hacia la derrota acaba convirtiéndose en un hábito, y este hábito ha de controlarse si se quiere hacer de la derrota una ventaja en lugar de una desventaja. Si una persona busca constantemente lo bueno en la derrota, la mente subconsciente formará el hábito de hacer lo mismo, dificultando la aceptación de cualquier experiencia en una actitud negativa. En otras palabras, la mente subconsciente puede entrenarse para convertir todas las experiencias negativas en un impulso inspirador hacia un mayor esfuerzo.

HILL: Parece que el fracaso y el éxito pueden considerarse hábitos. ¿Es así?

CARNEGIE: Sí, así es. Son estados mentales, como la pobreza, la preocupación y el pesimismo, y como tales son hábitos.

HILL: Es interesante que mencione la pobreza; nunca la había considerado un estado mental. ¿Puede explicarlo?

CARNEGIE: La pobreza es un estado mental que uno produce a través de hábitos de pensamiento centrados en la escasez. Se perpetúa por la falta de determinación. Para combatir la pobreza, hay que inspirar a la gente para que sea creativa, para que preste un servicio útil a cambio de lo que desea.

• • •

No dejes que nada destruya tu voluntad de ganar.

• • •

HILL: Ahora el Sr. Carnegie, usted debe haber aprendido, de su amplia y variada experiencia con la gente, ¿cuáles son las principales causas del fracaso. ¿Quieres compartirlas?

CARNEGIE: Sí, son las siguientes:

1. El hábito de ir a la deriva por la vida sin un Propósito Principal Definido.

2. Condiciones hereditarias desfavorables (*una causa que no puede eliminarse pero que puede superarse mediante la aplicación del principio de la Mente Maestra*).
3. El hábito de ser excesivamente curioso acerca de los asuntos de otras personas, *lo que desperdicia una cantidad significativa de tiempo y energía.*
4. Una preparación inadecuada para el trabajo que se realiza, *incluyendo una formación escolar deficiente.*
5. Falta de autodisciplina, que *generalmente se manifiesta en excesos en la comida, la bebida y el sexo.*
6. Indiferencia hacia las oportunidades de progresar.
7. Falta de ambición para superar la mediocridad.
8. Mala salud, a menudo *debida a pensamientos erróneos y a una dieta y ejercicio inadecuados.*
9. Influencias ambientales desfavorables durante la primera infancia.
10. Falta de persistencia para terminar lo que se empieza.
11. El hábito de mantener una actitud mental negativa en relación con la vida en general.
12. Falta de control sobre las emociones.
13. El deseo de obtener algo a cambio de nada, *expresado a menudo mediante el juego y el engaño.*
14. La indecisión y la indefinición.
15. Uno o más de los siete miedos básicos: (1) la pobreza, (2) la crítica, (3) la mala salud, (4) la pérdida del amor, (5) la vejez, (6) la pérdida de la libertad, (7) la muerte.

16. Elección equivocada de la pareja matrimonial.

17. Exceso de precaución en las relaciones comerciales y profesionales.

18. Asunción excesiva de riesgos.

19. Elección equivocada de los socios comerciales.

20. Elección equivocada de una carrera, o por falta de una opción firme.

21. Falta de concentración de la atención y el esfuerzo, *que conduce a la pérdida de tiempo y energía.*

22. El hábito del gasto indiscriminado.

23. La falta de presupuesto y uso adecuado del tiempo.

24. La ausencia de entusiasmo controlado.

25. Intolerancia o cerrazón, *especialmente en temas de religión, política y economía.*

26. No cooperar con los demás en un espíritu de armonía.

27. Ansia de poder o riqueza no ganada o basada en el mérito.

28. Falta de espíritu de lealtad donde se merece fidelidad.

29. Egoísmo y vanidad.

30. Egoísmo exagerado.

31. El hábito de formarse opiniones y construir planes sin basarlos en hechos conocidos.

32. Falta de visión y de imaginación.

33. No formar una alianza de Mente Maestra con aquellos cuya experiencia, educación y habilidad nativa son necesarias.

34. No reconocer la existencia de las fuerzas de la Inteligencia Infinita y los medios para adaptarse a ellas.
35. Improperios al hablar.
36. Hablar antes de pensar y hablar demasiado.
37. Codicia, venganza y avaricia.
38. El hábito de procrastinar, *a menudo basado en la pura pereza, pero generalmente el resultado de la falta de Definición de Propósito.*
39. Hablar mal de otras personas, *con o sin motivo.*
40. Ignorancia del poder del pensamiento y de los medios para controlar la propia mente.
41. Falta de iniciativa personal, *debida en gran parte a la carencia de un Propósito Principal Definido.*
42. Falta de confianza en sí mismo, *debida también a la falta de un motivo fuerte fundado en un Propósito Principal Definido.*
43. Falta de las cualidades de una personalidad agradable.
44. Falta de fe en uno mismo, en el futuro, en los semejantes y en Dios.
45. No desarrollar la fuerza de voluntad mediante hábitos de pensamiento voluntarios y controlados.

Estas no son todas las causas del fracaso, pero son las principales. Todas ellas, excepto la segunda, pueden eliminarse o controlarse aplicando el principio de Definición de Propósito y desarrollando la fuerza de voluntad.

HILL: ¿Y si la derrota es de naturaleza física, como en el caso de un impedimento físico que limita gravemente el uso del cuerpo de una persona?

CARNEGIE: No tiene por qué aceptarse como una derrota permanente. Algunas de las personas más exitosas que el mundo ha conocido alcanzaron su éxito después de quedar físicamente discapacitadas. Una vez más, quiero recordar que el principio de la Mente Maestra puede proporcionar a las personas todo tipo de conocimientos disponibles, y puede ser utilizado para tomar el lugar de todo esfuerzo físico.

HILL: ¿Así que no hay excusa para el fracaso, cuando una persona puede aplicar el principio de la Mente Maestra para superar cualquier posible limitación?

CARNEGIE: Sí, el principio de la Mente Maestra puede utilizarse como sustituto de todo, excepto del uso del cerebro. Mientras una persona pueda pensar, puede hacer uso de este principio.

PUNTOS CLAVE

- Todo el mundo conocerá la derrota en algún momento de su vida, pero la derrota puede y debe convertirse en un trampolín para alcanzar mayores logros.
- La actitud correcta hacia la derrota es negarse a aceptarla como algo más que temporal, y esta actitud puede desarrollarse utilizando tu fuerza de voluntad para percibir la derrota como una oportunidad para demostrar tu capacidad de recuperación. Además, debes considerar el fracaso como una señal de que vas en la dirección equivocada y de que simplemente tienes que corregir el rumbo.
- Las personas con una gran autodisciplina y fuerza de voluntad cambian sus planes si es necesario, pero nunca cambian su propósito.

- La mayoría de los fracasos se deben a la falta de definición del propósito y a la falta de fuerza de voluntad desarrollada a través de hábitos de pensamiento voluntarios y controlados.

TRANSFORMA TUS PENSAMIENTOS EN ACCIÓN

Piensa en la última vez que experimentaste una derrota. Analizándola ahora, ¿puedes identificar la "semilla de un beneficio equivalente" que surgió de ella? ¿Cómo podrías haber aprovechado la derrota —o cómo la aprovechaste— como una ventaja para alcanzar tu Propósito Principal Definido?

11

INSPIRACIÓN

La inspiración es la combinación de emociones que a menudo se conoce como "entusiasmo", pero tiene un significado más profundo porque tiene su origen en la mente subconsciente. La inspiración es el principio de todos los grandes logros.

Casi todo el mundo desea alcanzar el éxito personal de una forma u otra, pero sólo aquellos que pueden aprender a avivar la llama del entusiasmo hasta convertirla en el calor blanco del deseo obsesivo alcanzan alguna vez un éxito digno de mención.

El Sr. Carnegie ha hecho hincapié en la importancia de la iniciativa, la definición de objetivos, la persistencia y el esfuerzo organizado. Llegamos ahora al capítulo en el que analizaremos el poder que hay detrás de todos ellos, el poder que da vida y actúa sobre estas cualidades. Ese poder se conoce como inspiración.

• • •

¡La inspiración es el comienzo de todos los grandes logros!

• • •

HILL: Sr. Carnegie, por favor defina el significado del término "entusiasmo", el undécimo principio del éxito, y describa cómo uno puede desarrollarlo voluntariamente.

CARNEGIE: La inspiración puede desarrollarse estimulando a la acción cualquiera de las catorce emociones principales que hemos mencionado anteriormente.

HILL: ¿Así que la inspiración es emoción en acción?

CARNEGIE: Quizá sería más acertado decir que la inspiración es una emoción voluntaria, un sentimiento que uno inicia a voluntad. Pero quisiera insistir en que la inspiración es una emoción controlada. Es tan importante saber modificar, controlar o apagar por completo la acción de las emociones como saber ponerlas en marcha.

La inspiración es el resultado de un deseo, expresado en términos de acción y basado en un motivo. La inspiración es una forma de estímulo que genera entusiasmo. Nadie se entusiasma por algo sin un motivo. Así pues, el principio de todo entusiasmo es un deseo basado en un motivo.

Hay dos tipos de entusiasmo: pasivo y activo. El entusiasmo pasivo implica la estimulación de sentimientos emocionales, y el entusiasmo activo implica la expresión de sentimientos emocionales en palabras y acciones.

HILL: ¿Qué es más beneficioso, el entusiasmo pasivo o el activo?

CARNEGIE: Depende de la situación. El entusiasmo pasivo siempre precede al activo porque hay que sentirlo antes de poder expresarlo con acciones o palabras.

A veces, la expresión del entusiasmo puede ser perjudicial para los propios intereses, ya que puede indicar un exceso de entusiasmo o revelar el propio estado de ánimo cuando no queremos que los demás lo sepan. Por ello, es importante poder controlar cómo y cuándo expresamos nuestros sentimientos.

Hagamos un inventario de los beneficios que se obtienen tanto del entusiasmo pasivo como del activo:

1. El entusiasmo estimula la vibración del pensamiento y lo hace más intenso, activando así la imaginación para que trabaje en relación con el motivo que inspiró el entusiasmo.

2. El entusiasmo mejora el tono de la voz, haciéndola más agradable e impresionante.

3. El entusiasmo inspira iniciativa, tanto en el pensamiento como en la acción.

4. El entusiasmo disipa la fatiga física y vence la pereza.

5. El entusiasmo estimula todo el sistema nervioso y hace que cumpla sus funciones con mayor eficacia, en particular la digestión de los alimentos.

6. El entusiasmo estimula la mente subconsciente y la pone a trabajar para traducir el propio deseo en su contrapartida física.

7. El entusiasmo es contagioso e influye positivamente en todos los que se encuentran en su radio de acción. Además, hace que los propios impulsos de pensamiento influyan más en las personas de su entorno.

8. El entusiasmo desalienta todas las formas de pensamiento negativo y disipa el miedo y la preocupación, preparando así la mente para la expresión de la fe.

9. El entusiasmo es la principal fuente de fuerza de voluntad y permite perseverar en las dificultades.

10. El entusiasmo vigoriza la propia escritura y la hace más convincente.

11. El entusiasmo infunde confianza a quien lo expresa, sobre todo porque transmite valentía y confianza en sí mismo.

HILL: ¿Es posible mostrar demasiado entusiasmo?

CARNEGIE: Sí, el entusiasmo incontrolado suele ser tan perjudicial como la falta de entusiasmo. Por ejemplo, quienes están tan entusiasmados consigo mismos que dominan las conversaciones se vuelven rápidamente impopulares y pierden valiosas oportunidades de aprender escuchando a los demás.

La mayor parte del llamado entusiasmo no es más que la expresión incontrolada del propio ego, un estado de excitación mental que es una expresión sin sentido de la vanidad personal.

HILL: ¿Qué papel desempeña el entusiasmo en la formación de las relaciones personales?

CARNEGIE: El entusiasmo une a hombres y mujeres en vínculos románticos. Pocas personas aceptarán casarse con alguien que no muestre entusiasmo por ellas.

HILL: ¿Cuándo beneficia más el entusiasmo a las personas?

CARNEGIE: En una alianza de Mente Maestra. Aquí el entusiasmo de cada miembro del grupo se proyecta en las mentes de todos los demás miembros, y la suma total de entusiasmo creada a través de la mezcla de sus mentes se pone a disposición de cada una de las personas. Cuando esto sucede, la gente puede crear ideas que no son capaces de hacerlo por sí solos, en circunstancias ordinarias de pensamiento, ideas mucho más allá del alcance de los conocimientos de todos los miembros en conjunto.

HILL: Ya ha dicho antes que muchos de sus empleados han ascendido gracias a su entusiasmo. ¿Puede decirnos algo más sobre cómo lo han conseguido?

CARNEGIE: Un empleado con una mentalidad positiva vale más que uno con una mentalidad negativa, porque los hábitos de pensamiento de una persona afectan a las demás con las que interactúa habitualmente. Cualquier estado de ánimo es contagioso. El empleado entusiasta es naturalmente aquel que se siente feliz en su trabajo. Por tanto, irradia una actitud mental sana que contagia a quienes le rodean, quienes, a su vez, se convierten en trabajadores más felices y eficientes.

Pero esa no es la única razón por la que las personas que manifiestan entusiasmo como hábito ascienden a posiciones más deseables en la vida. El entusiasmo, como ya he dicho, da a las personas una imaginación más aguda, aumenta su iniciativa, las hace más despiertas mentalmente, les da una personalidad más agradable y, por lo tanto, atrae la cooperación de los demás. Estos rasgos de la mente hacen inevitable que las personas entusiastas se promocionen en cualquier puesto que sean capaces de ocupar.

• • •

Cada pensamiento que uno libera se convierte en una parte definitiva de su carácter.

• • •

Cada pensamiento que uno libera se convierte en una parte definitiva de su carácter. Esta transformación tiene lugar a través del principio de la autosugestión. Cuando los pensamientos dominantes de una persona son positivos, añaden poder a su carácter con cada pensamiento que liberan.

HILL: Tengo la idea, Sr. Carnegie, que un empleado cuya mente está dominada por un espíritu de entusiasmo es beneficioso para un jefe no sólo por su influencia sobre otros empleados, sino también por su propia fuerza de carácter adquirida. ¿Es eso lo que quiere decir?

CARNEGIE: Eso es lo que quiero decir. Y el principio se aplica a todos, no sólo a los empleados. Los empresarios y los líderes se darán cuenta de que su entusiasmo pronto será igualado por cada persona que trabaje con ellos.

HILL: ¿Se podría decir que una organización tiene su propia "personalidad", que consiste en la influencia dominante de su personal?

CARNEGIE: Sí, y lo mismo ocurre en el hogar o en cualquier lugar donde la gente se reúna regularmente. La actitud mental de la gente deja su influencia permanente en la propia atmósfera de su entorno.

Haz un experimento yendo a una casa donde sepas que reina la armonía familiar. Observa atentamente la "sensación mental" que percibes allí, sin que nadie te dirija la palabra. Luego ve a una casa donde sepas que hay discordia y tensión y estudia la "sensación mental" que captas allí. Comprobarás de primera mano que cada hogar tiene una "atmósfera mental" que coincide con la actitud de quienes viven allí.

Este experimento también te convencerá de que existe alguna ley desconocida de la naturaleza que hace permanentes los hábitos de pensamiento y extiende la influencia de esos pensamientos al entorno que uno habita.

PUNTOS CLAVE

- La inspiración se refiere a la combinación de emociones a menudo denominada "entusiasmo".

- La inspiración es el resultado del deseo, expresado en términos de acción y basado en un motivo.

- Hay dos tipos de entusiasmo: pasivo y activo. El entusiasmo pasivo implica la estimulación del sentimiento emocional, y el entusiasmo activo implica la expresión del sentimiento emocional en palabras y acciones.

- El entusiasmo incontrolado suele ser tan perjudicial como la falta de entusiasmo. La mayor parte del llamado entusiasmo no es más que la expresión incontrolada de la vanidad o el egoísmo.

- El entusiasmo es contagioso e influye positivamente en todos los que se encuentran en su radio de acción. Produce una "atmósfera mental" que coincide con la actitud mental de quienes se encuentran en su entorno.

TRANSFORMA TUS PENSAMIENTOS EN ACCIÓN

Haz un experimento: fomenta un entusiasmo real y bien controlado en tu trabajo y/o en tu casa. Al cabo de una semana, analiza la atmósfera mental que existe en el entorno que has elegido, incluidas las actitudes mentales de quienes comparten este entorno. Descríbelo a continuación.

____

____

____

____

____

____

____

____

12

ATENCIÓN CONTROLADA

HILL: Sr. Carnegie, usted ha establecido que el duodécimo principio del logro individual es la atención controlada. ¿Puede explicar cómo se puede aplicar este principio en la vida diaria?

CARNEGIE: La Atención Controlada es el *acto de aprovechar todos los recursos mentales para concentrarse en la consecución de un propósito definido.* El tiempo necesario para esta concentración depende de la naturaleza del tema y de las expectativas de resultados.

Tomemos mi propio caso como ejemplo. Las fuerzas dominantes de mi mente están, y han estado durante muchos años, concentradas en la fabricación y comercialización de acero. Tengo a otras personas asociadas a mí a través del principio de la Mente Maestra que están concentrando sus pensamientos dominantes en el mismo objetivo, por lo que nos beneficiamos de la Atención Controlada en forma colectiva.

HILL: ¿No podría haber llevado a cabo otras empresas con el mismo éxito con el que dirigió la industria del acero, y al mismo tiempo, con la ayuda del principio de la Mente Maestra?

CARNEGIE: He conocido a personas que han dirigido simultáneamente con éxito negocios independientes, no relacionados entre sí, pero siempre he creído que habrían tenido más éxito si hubieran limitado sus esfuerzos a una sola línea de negocio. Dividir la propia atención tiene el efecto de dividir los propios poderes. El mejor plan que puede seguir alguien es dedicar todas sus energías a un campo específico para poder especializarse en él.

Esto se aplica tanto a las empresas como a las personas. Las empresas que se especializan en un servicio o producto concreto tienen más probabilidades de éxito.

• • •

Dividir tu atención divide tus poderes.

• • •

HILL: ¿Y los estudiantes que se preparan para su profesión? ¿Deberían especializarse en una materia concreta durante su formación?

CARNEGIE: Sí, si saben cuál es su Propósito Principal Definido en la vida. De lo contrario, deberían optar por una formación general hasta que elijan su objetivo principal. Después, deberían continuar su formación especializada. La formación general es importante porque permite a los estudiantes desarrollar el pensamiento organizado, la autodisciplina y la confianza en sí mismos, rasgos esenciales para el éxito en cualquier profesión.

Si, después de terminar su educación básica, las personas aún no están en condiciones de adoptar un Propósito Principal Definido, entonces deben ir a trabajar y aprender, por experiencia, las posibilidades de diferentes ocupaciones. Después, deberían poder decidir qué vocación desean seguir.

HILL: ¿Así que parece que no hay forma de tener éxito sin concentrar los esfuerzos?

CARNEGIE: No, no la hay. El que hace de todo no suele ser bueno en nada.

Todo el mundo tiene un campo de actividad en el que puede prestar un servicio útil y obtener la remuneración que le corresponde. Es responsabilidad de cada uno averiguar cuál es y prepararse para ello. Una vida ordenada requiere preparación. Antes de comenzar a prepararse, las personas deben saber para qué se están preparando. Eso, en sí mismo, es concentración de esfuerzos.

Aquellas personas que no tienen un propósito definido en la vida, que no pueden hacer una cosa y hacerla bien, son como hojas secas que se lleva el viento. Serán arrastradas de aquí para allá, dondequiera que las lleve el viento del azar, pero, como las piedras rodantes, no acumularán musgo. Desgraciadamente, la mayoría de las personas del mundo se pasan la vida rodando así.

• • •

El que todo lo sabe, no suele ser bueno en nada.

• • •

HILL: ¿Y si una persona elige un Propósito Principal Definido pero, después de perseguirlo durante un tiempo, se da cuenta de que no le gusta o encuentra algo que le gusta más? ¿Debería cambiar?

CARNEGIE: ¡Por supuesto! La gente tendrá más éxito en aquello que más le guste, en igualdad de condiciones. Es aconsejable que cambien, siempre y cuando no adquieran el hábito de cambiar cada vez que el trabajo que han elegido se vuelve difícil o se encuentran con una derrota temporal. Cambiar de un trabajo a otro supone una pérdida tremenda. La persona de éxito debe alcanzar un estado de especialización, tarde o temprano; cuanto antes, mejor.

HILL: Entonces, ¿recomienda la *concentración de esfuerzos*, a través de la especialización, en todas las vocaciones? ¿Cree, obviamente, en el "pensamiento único"?

CARNEGIE: La especialización, a través de la concentración del esfuerzo, da más poder. Promueve la eficiencia en el pensamiento y la acción. Armoniza con el principio de Definición de Propósito, el punto de partida de todo logro.

Creo en una mente unívoca si puedo definirla *como una amplia gama de conocimientos basados en hechos relacionados con el propósito principal de uno, pero expresados a través de planes organizados para la consecución de ese propósito.*

Sería más evidente expresarlo de esta manera: una persona debe tener una visión múltiple para acumular conocimientos, pero una visión única para expresarlos, lo que equivale a decir que uno debe tener tanto conocimientos generales como especializados, pero debe concentrar su aplicación en la consecución de un Propósito Principal Definido.

Como ya hemos dicho, el conocimiento no da poder a nadie hasta que se organiza y se expresa en acción. Para ello es necesario concentrar los esfuerzos. Alguien puede ser una enciclopedia andante de conocimientos generales -y he conocido a gente así-, pero sus conocimientos serán prácticamente inútiles a menos que los organice y les dé alguna forma de expresión a través de la Concreción de Propósito.

Entiendo lo que quiere decir. La determinación de objetivos implica concentración de esfuerzos. Cuando alguien decide alcanzar un fin definido, necesariamente debe concentrar sus pensamientos y acciones en ese fin.

CARNEGIE: Esa es la idea. Ves, por tanto, que la persona que ha dominado y empezado a aplicar los otros once principios de esta filosofía ha empezado a adquirir el hábito de la Atención Controlada. Como he subrayado a lo largo de nuestras conversaciones, los principios de esta filosofía están tan interrelacionados que el dominio y la aplicación de cualquiera de ellos conduce a la aplicación de los demás principios. Incluso si no hubiera destacado la Atención Controlada como un principio único en esta filosofía, habría aparecido en mi discusión de los otros principios, porque no puede haber aplicación de los otros principios sin la ayuda de la Atención Controlada. Sin su aplicación, el éxito en sentido amplio es imposible.

PUNTOS CLAVE

- La Atención Controlada es el acto de aprovechar todos los recursos mentales para concentrarse en la consecución de un propósito definido.
- Tendrás más éxito si concentras tus esfuerzos en una línea de trabajo y te especializas en ella. Dividir tu atención divide y disminuye tus poderes.
- Es responsabilidad de cada uno averiguar cuál es su vocación y prepararse para ella.
- Si descubres que no te gusta el Propósito Principal Definido que has elegido, o que prefieres otro en su lugar, deberías hacer un cambio. Pero ten cuidado de no hacerlo a menudo o simplemente porque no te gustan los retos o la incomodidad de una derrota temporal. Cambiar de línea de trabajo retrasará tu progreso hacia la especialización.

TRANSFORMA TUS PENSAMIENTOS EN ACCIÓN

¿Cómo puedes desarrollar una "mente enfocada" en relación con tu Propósito Principal Definido? ¿Qué actividades y esfuerzos debes eliminar de tu agenda para poder concentrar tus pensamientos y acciones únicamente en alcanzar el objetivo deseado?

13

LA REGLA DE ORO APLICADA

CARNEGIE: Llegamos ahora al decimotercer principio del éxito de las personas, la Regla de Oro Aplicada. "Haz a los demás lo que quieras que te hagan a ti" es un principio que casi todo el mundo dice creer, pero que poca gente practica.

Los verdaderos beneficios de la Regla de Oro se acumulan en aquellos que la aplican. Estos beneficios incluyen una moral sólida, paz mental y otras cualidades de un carácter sano, rasgos que atraen las cosas más deseables de la vida, como amistades duraderas y fortuna.

Para sacar el máximo partido de la Regla de Oro, hay que combinarla con el principio de Ir más allá, que en realidad no es más que la aplicación de la Regla de Oro. La Regla de Oro proporciona la actitud mental correcta, mientras que Ir más allá proporciona la acción. La combinación de ambos incrementa el poder de atracción de la persona, lo que le permite inducir la colaboración de otras personas y obtener oportunidades de progreso personal.

HILL: Supongo por sus comentarios que no hay muchos beneficios que se deriven de la mera creencia en la Regla de Oro.

CARNEGIE: ¡Muy pocos! La creencia pasiva en esta regla no conseguirá nada. La regla debe aplicarse para obtener sus beneficios, los más importantes son los siguientes:

1. Abre la mente a la guía de la Inteligencia Infinita a través de la fe.
2. Desarrolla la confianza en uno mismo a través de una mejor relación con la propia conciencia.
3. Forja un carácter sólido capaz de mantenerse en tiempos de emergencia, y desarrolla una personalidad más atractiva.
4. Atrae la colaboración cordial de los demás en todas las relaciones humanas.
5. Evita la oposición hostil de los demás.
6. Le da a uno paz mental y lo libera de las propias limitaciones autoimpuestas.
7. Le da a uno inmunidad contra las formas más dañinas del miedo, ya que la persona con la conciencia tranquila rara vez teme a nada ni a nadie.
8. Permite a uno rezar con la conciencia tranquila.
9. Atrae oportunidades favorables para la autopromoción en su ocupación, negocio o profesión.
10. Elimina el deseo de obtener algo a cambio de nada.
11. Permite obtener una alegría incomparable al prestar un servicio útil a los demás.
12. Fomenta una reputación de honestidad y trato justo, que es la base de toda confianza.
13. Sirve para desalentar al difamador y al ladrón.
14. Le confiere a uno un poder para el bien en el ejemplo que da a los demás.

15. Desalienta todos los bajos instintos de codicia, envidia y venganza, y da alas a los instintos superiores de amor y compañerismo.
16. Pone a uno en contacto con el Creador mediante una mente imperturbable.
17. Le permite a uno reconocer la alegría de aceptar la verdad de que cada persona es, y debe ser, el guardián de su hermano.
18. Establece una espiritualidad personal más profunda.

Estas no son meras opiniones mías; son verdades sólidas que pueden ser observadas por cualquiera que viva diariamente de acuerdo con la Regla de Oro.

• • •

No hay mayor riqueza que un carácter sólido.

• • •

HILL: De su análisis se desprende claramente que la Regla de Oro es el fundamento mismo de todas las mejores cualidades del ser humano y que la aplicación de esta regla le proporciona a uno una poderosa inmunidad contra todas las fuerzas destructivas.

CARNEGIE: La definición es buena. Pero no sólo proporciona inmunidad contra las fuerzas negativas, sino también una poderosa fuerza de atracción que permite adquirir todo lo que se necesita en la vida, desde las necesidades materiales hasta las ventajas emocionales y espirituales.

HILL: Algunas personas afirman que les gustaría vivir según la Regla de Oro, pero tienen miedo de hacerlo porque no quieren que los demás se aprovechen de ellas. ¿Qué opina al respecto?

CARNEGIE: Se trata de un malentendido habitual que, en mi opinión, se debe a la creencia errónea de que los beneficios de aplicar la Regla de Oro proceden de quienes reciben un trato de calidad, cuando en realidad derivan de fuentes totalmente distintas. También se debe a la idea errónea de que los beneficios son únicamente de naturaleza material. Los mayores beneficios que se derivan de la Regla de Oro son inmateriales y contribuyen a la paz mental que fortalece el carácter. No hay mayor riqueza que un carácter sólido, y esto es algo que todas las personas deben construir por sí mismas a través de sus pensamientos y acciones.

Además, hay muy pocas personas que se aprovechen de otras que viven según la Regla de Oro: probablemente sólo una de cada cien. Incluso cuando alguien se niega a responder con la misma moneda, la persona que vive según la Regla de Oro verá compensados sus daños por la Ley de la Compensación, que garantiza que todo el mundo reciba lo que le corresponde a su debido tiempo. Ninguna persona puede escapar a la Ley de la Compensación, que elevará o bajará a una persona al lugar que le corresponde en la vida según sus pensamientos y acciones. Obliga a todos a situarse en el lugar exacto al que pertenecen. Aunque las personas eludan temporalmente su responsabilidad para con sus semejantes, acabarán enfrentándose a las consecuencias de sus responsabilidades desatendidas.

HILL: ¿Entonces no sería aconsejable aplicar la norma sólo cuando reportara ventajas inmediatas?

CARNEGIE: No, aunque muchas personas cometen el error de ser selectivas a la hora de aplicar la Regla de Oro. Para obtener el máximo beneficio de esta regla, hay que aplicarla como hábito en todas las relaciones humanas. No hay excepciones.

Es una afirmación muy contundente. No da margen para descuidar la regla cuando a corto plazo sea más conveniente no aplicarla.

CARNEGIE: Ya te haces una idea. Y aquí va una advertencia: todo el mundo se verá tentado en algún momento de su vida a no aplicar la Regla de Oro, pero es fatal ceder a esta tentación. Aunque los demás no sepan que has cedido, tu propia conciencia lo sabrá y, como consecuencia, se debilitará.

HILL: ¿Sería poco factible para determinados profesionales vivir según la Regla de Oro: los abogados, por ejemplo?

CARNEGIE: Podría predicar todo un sermón sobre este tema, pero me limitaré a compartir la experiencia de un abogado cuya política profesional es no aceptar un caso a menos que esté convencido de que se le contrata en el lado correcto. Aunque rechaza a muchos más clientes potenciales de los que atiende, está ocupado todo el tiempo y sus ingresos son aproximadamente diez veces superiores a los del abogado medio. Yo, junto con muchos de mis amigos, pagamos mucho dinero a este abogado por sus servicios porque confiamos en él, y nuestra confianza se basa principalmente en que sabemos que no engañará a un cliente para ganarse unos honorarios, ni aceptará un caso injusto o injusto para nadie.

HILL: ¿Y qué hay del cliente que viene con el otro tipo de caso, el injusto?

CARNEGIE: En todas las profesiones, en todos los negocios y en todas las ocupaciones hay formas de ganar dinero recurriendo a prácticas injustas, y hay personas dispuestas a ganar dinero de manera desleal, pero a la larga todas se toparán con peligros que acabarán con su fuente de ingresos o traerán consigo males, si no pérdidas, en mayor proporción que las ganancias.

Todas las leyes naturales se basan en la moralidad. Todo el universo desaprueba las transacciones inmorales, sea cual sea su naturaleza. Ningún ser humano puede oponerse al funcionamiento de la ley natural más que por un breve período de tiempo.

HILL: ¿Cómo prepara la aplicación de la Regla de Oro a una persona para el éxito profesional?

CARNEGIE: El mundo no puede ignorar a las personas que saben lo que quieren, se deciden a conseguirlo, adquieren el hábito de ir más allá para conseguirlo y se relacionan con otras personas basándose en la Regla de Oro. Atraerán una atención favorable, por humildes que sean sus comienzos. En la práctica, no experimentarán ninguna oposición por parte de los demás; al contrario, contarán con la cooperación voluntaria y amistosa de los demás. Por lo tanto, los principios complementarios de Ir más allá y la Regla de Oro no sólo sirven como guía moral, sino que también despejan el camino de las formas habituales de oposición.

PUNTOS CLAVE

- La Regla de Oro nos dice: "Haz a los demás lo que quieras que te hagan a ti".

- La Regla de Oro va de la mano con Ir Más Allá, pues no es más que la aplicación de este último principio. La Regla de Oro proporciona la actitud mental correcta, mientras que Ir Más Allá supone la acción.

- Aplicar la Regla de Oro desarrolla tus cualidades morales, fortalece tu conciencia, forja tu carácter y te permite disfrutar de paz mental y de una mayor espiritualidad. No sólo proporciona inmunidad contra las fuerzas destructivas de la vida; también proporciona una poderosa fuerza de atracción mediante la cual puedes adquirir cualquier cosa que exijas de la vida.

- La Regla de Oro debe aplicarse en todo momento y en toda circunstancia, no sólo cuando pueda reportarte beneficios inmediatos.

- La Ley de la Compensación garantiza que todo el mundo será recompensado de acuerdo con la naturaleza de sus pensamientos y acciones. Nadie puede oponerse al funcionamiento de la ley natural durante más de un breve periodo de tiempo.

TRANSFORMA TUS PENSAMIENTOS EN ACCIÓN

¿Cómo te gustaría que te trataran los demás? Teniendo en cuenta su respuesta, describa cómo interactuará con los demás esta semana de una manera que combine la Regla de Oro y el "ir más allá".

14

COOPERACIÓN

HILL: Usted ha indicado que el trabajo en equipo, o Cooperación, es el decimocuarto principio de la filosofía del logro de las personas. ¿Podría nombrar sus principales beneficios y describir cómo puede aplicarse en la vida cotidiana?

CARNEGIE: Para empezar, quisiera subrayar que toda industria requiere el esfuerzo coordinado por parte de un grupo de las personas que trabajan juntas por un beneficio común. Las pequeñas empresas pueden ser dirigidas por una sola persona, pero cualquier empresa que adquiera las proporciones de una industria debe adoptar y utilizar el principio del trabajo en equipo. Por lo tanto, ¡industria y trabajo en equipo son sinónimos!

En toda empresa bien gestionada, hay ejecutivos que velan por que todas las personas trabajen juntas en un espíritu de equipo. Estos ejecutivos actúan como árbitros que coordinan todos los factores esenciales para el buen funcionamiento de la empresa. Su sentido de la equidad y su sabiduría determinan el grado de éxito de la empresa.

HILL: ¿Y usted cree que una empresa no puede tener éxito si no dispone de coordinadores imparciales conocidos como directivos?

CARNEGIE: Ésa es la idea. En el momento en que un negocio requiere más de una persona para su funcionamiento, alguna de las personas debe asumir la responsabilidad de coordinar los factores que afectan al negocio o éste no tendrá éxito.

Los líderes eficaces no sólo son beneficiosos para la empresa, sino también para los trabajadores. Porque cuando los esfuerzos de los trabajadores se dirigen con éxito, su rentabilidad aumenta. Los trabajadores necesitan disciplina, orientación y supervisión para que sus esfuerzos tengan el máximo valor tanto para ellos como para los demás. Sin embargo, hay una relativa escasez de líderes con capacidad de gestión.

HILL: ¿Qué tipo de empleado es más esencial para una empresa: un supervisor o un trabajador?

CARNEGIE: Ambos tipos son esenciales. Lo ideal es que el líder y el trabajador reconozcan la necesidad del otro y trabajen juntos en un espíritu de compañerismo.

HILL: Entonces, ¿no hay ninguna razón justificable para la discordia entre la dirección y los trabajadores?

CARNEGIE: No, y añadiré que cuando prevalece la discordia, tanto la dirección como los trabajadores sufren, sea cual sea la causa de la discordia. Y cualquier circunstancia que perjudique a los trabajadores o a los supervisores perjudica a toda la empresa en su conjunto en proporción.

El potencial de cualquier hogar, empresa, organización o nación proviene de la cooperación amistosa de su gente. Este es precisamente el medio por el cual puede llegar a ser próspera.

PUNTOS CLAVE

- La cooperación, o trabajo en equipo, es necesaria para que cualquier unidad de personas -por ejemplo, un hogar, una empresa, una organización o una nación- prospere.

- En toda empresa bien gestionada, hay ejecutivos que se aseguran de que todos los elementos de la empresa funcionan correctamente y de que todas las personas trabajan juntas con espíritu de equipo.

- Si hay discordia entre las personas y quienes coordinan su esfuerzo, toda la unidad sufrirá en proporción directa.

TRANSFORMA TUS PENSAMIENTOS EN ACCIÓN

¿Cómo puedes promover una mayor armonía y cooperación dentro de tu organización?

____

____

____

____

____

____

____

____

15

PRESUPUESTAR TIEMPO Y DINERO

Estados Unidos nunca ha tenido un hombre que aprovechara mejor su tiempo y sus recursos financieros que Andrew Carnegie. Las condiciones económicas y sociales han cambiado mucho desde la época de Carnegie, pero los principios del éxito personal no han cambiado. Estos principios de éxito te servirán tan bien como lo hicieron cuando él estaba construyendo su carrera.

HILL: Sr. Carnegie, usted ha señalado *el presupuesto de tiempo y dinero* como uno de los elementos esenciales para las personas. Para empezar, ¿cómo pueden las personas hacer el mejor uso de su tiempo?

CARNEGIE: Toda persona exitosa planifica su vida tan cuidadosamente como un empresario exitoso planifica su negocio. Empiezan adoptando un Propósito Principal Definido y dedican una parte significativa de su tiempo a alcanzar el objeto de ese propósito.

HILL: ¿Qué parte del tiempo hay que dedicar a la consecución del propósito principal?

CARNEGIE: En primer lugar, reconozcamos que el único activo con el que la persona media viene al mundo es el tiempo. Cada persona tiene veinticuatro horas de tiempo al día, ni más ni menos.

Cuando las personas alcanzan la edad de la responsabilidad personal, deben dividir su tiempo en tres periodos: (1) sueño, (2) trabajo y (3) ocio. La distribución habitual del tiempo cada día es (1) ocho horas para dormir, (2) ocho horas para trabajar y (3) ocho horas para el ocio. Algunas personas consideran necesario dedicar más de ocho horas diarias al trabajo, por lo que dedican menos tiempo al ocio. Una persona normal no puede vivir con menos de ocho horas de sueño cada noche.

HILL: ¿Cuál de estos tres periodos del día considera que es el más importante?

CARNEGIE: Eso depende totalmente de lo que cada uno considere importante. Una buena salud exige al menos ocho horas de sueño. Una vida normal exige al menos de ocho a diez horas diarias de trabajo. Esto deja de seis a ocho horas diarias de tiempo libre, que la gente puede utilizar a su antojo. Yo diría que es el periodo más importante del día, en lo que a logros personales se refiere, porque brinda la oportunidad de adquirir una educación adicional, planificar nuevos medios de prestar servicios y fomentar el bienestar.

El tiempo libre es exactamente lo que su nombre indica, ya que es el comienzo de la liberación de todas las personas, tanto del cuerpo como de la mente. La única cosa sobre la que la gente tiene más control que sobre su tiempo libre es sobre sus pensamientos, y curiosamente, el tiempo libre de una persona es el más favorable de todos los momentos para que organice y dirija sus pensamientos según las líneas de su propia elección.

HILL: ¿Y qué hay de la persona que no utiliza este periodo para ninguno de estos fines, sino que lo dedica por completo a un placer personal que en modo alguno le aporta influencia o amigos adicionales?

CARNEGIE: La persona que utiliza su tiempo libre de esta manera nunca tendrá éxito en nada, excepto por algún raro golpe de buena fortuna que le favorezca sin su propio esfuerzo.

No podemos hacer nada extra con el período de sueño ni con el período de trabajo; el primero exige ocho horas simplemente para mantener una buena salud, y el segundo requiere todos los pensamientos y esfuerzos de uno para deberes específicos. Sólo el periodo de tiempo libre puede utilizarse para mejorar las oportunidades de cada uno mediante una autodisciplina estricta. Las personas de éxito utilizan parte de su tiempo libre para realizar acciones que mejoren su posición profesional y les acerquen a la consecución de su objetivo principal.

• • •

El trabajo es la mejor forma de juego.

• • •

HILL: ¿Pero no es necesario que una persona dedique tiempo al ocio y a la recreación si quiere mantener una buena salud?

CARNEGIE: Sí, pero las personas de éxito han aprendido a organizar su tiempo de trabajo y su tiempo libre de tal forma que su ocio contribuya y armonice con las tareas que realizan durante su tiempo de trabajo.

HILL: Entiendo lo que quiere decir. La gente puede utilizar su tiempo libre de modo que le brinde oportunidades relacionadas con su trabajo, como relacionarse con personas que puedan serles de ayuda en relación con la consecución de su Propósito Principal Definido, aunque su relación sea puramente social.

CARNEGIE: ¡Esa es precisamente la idea! Además, no hay mejor forma de jugar que la relacionada con la planificación y la consecución del Propósito Principal Definido. Considero el trabajo como la mejor forma de juego. Al igual que todas las personas de éxito. El trabajo de una persona puede ser una oportunidad de recreo si lo hace con un espíritu de intenso entusiasmo y le gusta lo que hace.

Pero hay que entender que la inmensa mayoría de la población malgasta su tiempo libre. La mayoría busca la emoción o la comodidad, y así desarrollan hábitos destructivos como la bebida, el juego o simplemente la pereza.

HILL: ¿Y qué hay de la gente a la que no le gusta su trabajo, que se ve obligada a trabajar para cubrir sus necesidades básicas?

CARNEGIE: Es cierto que a una persona no siempre le entusiasma el trabajo que sólo le permite ganarse la vida a duras penas, pero cuanto más le disguste su trabajo, más razones tendrá para tomar las medidas necesarias para dejarlo y dedicarse a algo que le guste más. En la mayoría de los casos, su única esperanza reside en las posibilidades de su tiempo libre, cuando pueden prepararse para un trabajo que les guste más y formar alianzas con otros que puedan y quieran ayudarles a conseguir ese tipo de trabajo. Si una persona así malgasta su tiempo libre, continuará en el tipo de trabajo que no le gusta.

En un sentido estricto, uno no debería disponer de tiempo libre, ya que todo su tiempo, aparte del necesario para dormir, debería emplearse para obtener algún tipo de beneficio.

• • •

Todo tu tiempo, aparte del necesario para dormir, debería emplearse para obtener algún beneficio.

• • •

Puedo decir honestamente que nunca he pasado ni un segundo de mi tiempo voluntariamente con alguien que no creyera que podría y sería beneficioso para mí.

HILL: Pero Sr. Carnegie, ¿no lo considerarían algunas personas egoísta?

CARNEGIE: No importa cómo se mire este hábito, es esencial para el logro personal. Personalmente, no veo nada egoísta en ello, siempre que uno se relacione con los demás de modo que dé tanto como reciba. Y yo siempre he seguido esta práctica. Puedo decir sinceramente que por cada beneficio que he recibido de otra persona, le he aportado un beneficio equivalente o mayor.

El desinterés se manifiesta en el respeto y el uso constructivo del tiempo. El egoísmo se manifiesta en el desprecio gratuito del tiempo propio y ajeno.

HILL: ¿Es suficiente el uso constructivo del tiempo para garantizar el éxito de una persona?

CARNEGIE: No, si una persona desea alcanzar el éxito material, ya sea en dinero o en cualquier otra forma, debe aprender a utilizar las riquezas adecuadamente. El valor de todas las riquezas, incluido el dinero, consiste en cómo se utilizan, no en su mera posesión.

Las personas de éxito presupuestan su dinero y sus bienes materiales con el mismo cuidado con el que presupuestan su tiempo. Reservan una cantidad específica de sus ingresos para (1) comida, ropa y gastos domésticos; (2) seguros de vida; (3) ahorros e inversiones; y (4) caridad y ocio. Estas cuatro categorías de gastos deben estar controladas por un presupuesto estricto del que no hay que desviarse salvo en casos de extrema necesidad. Este es el camino hacia la seguridad económica.

¿Qué diferencia habría si los ingresos de una persona fueran de 1.000 o 10.000 dólares al mes si los destinara todos a gastos de manutención, o los gastara en ocio, o los destinara a cualquier otro fin que no produjera un rendimiento material de algún tipo? Y, sin embargo, la mayoría de la población comete este error. No importa cuánto ganen, todo se va, de una forma u otra, porque no tienen un plan presupuestario establecido para ahorrar y utilizar adecuadamente un porcentaje del mismo. Además, muchas personas caen presas de la inflación del estilo de vida: cuando les suben el sueldo, aumentan sus gastos de manutención y sus gastos discrecionales de tal manera que no ahorran más de lo que ahorraban antes de que les subieran el sueldo.

La seguridad económica se consigue mediante una gestión cuidadosa de los ingresos, y exige una estricta autodisciplina en materia de gastos. Muchas personas han adquirido el hábito de gastar durante su infancia porque sus padres carecían de autodisciplina en este ámbito. Pero el hábito de ahorrar conlleva una emoción tan grande como el hábito de gastar, una vez que se ha desarrollado mediante la autodisciplina. ¿Hace falta decir que es un hábito mucho más deseable?

HILL: Cuando habla de "ahorrar", no se refiere simplemente a guardar el dinero en una cuenta de ahorros o en una caja de seguridad, ¿verdad?

CARNEGIE: No, no me refiero a eso. El ahorro inteligente exige utilizar los ahorros. El dinero debe emplearse para ganar más dinero.

HILL: ¿Qué porcentaje de los ingresos debe destinarse al ahorro?

CARNEGIE: Depende de varios factores, como el número de personas a cargo. Pero cada persona debería ahorrar un porcentaje determinado de sus ingresos brutos, aunque no sea más del cinco por ciento, para desarrollar el hábito del ahorro. La cantidad ahorrada no es tan importante como el hábito en sí, porque el hábito del ahorro demuestra y refuerza la autodisciplina, que también es útil en otras áreas. *El hábito del ahorro es autodisciplina de primer orden.*

PUNTOS CLAVE

- Las personas de éxito presupuestan estrictamente su tiempo, dedicando la mayor parte del mismo a alcanzar el objeto de su Propósito Principal Definido.

- Los adultos deben dividir su tiempo en tres periodos: (1) sueño, (2) trabajo y (3) ocio. Normalmente, las personas dedican ocho horas a cada uno de los tres periodos.

- El tiempo de ocio o "libre" es la parte más importante del día porque es el único periodo sobre el que se tiene un control total y que se puede usar para hacer y poner en práctica planes para alcanzar el objeto del Propósito Principal Definido.

- Las personas de éxito han aprendido a organizar su trabajo y su tiempo libre de manera que el segundo alimente al primero. Además, consideran su trabajo como la forma más elevada de juego.

- El dinero sólo es valioso cuando se utiliza sabiamente. Los ingresos deben presupuestarse estrictamente según cuatro categorías: (1) comida, ropa y gastos domésticos; (2) seguro de vida; (3) ahorros e inversiones; y (4) caridad y ocio.

- El hábito de ahorrar es más importante que la cantidad ahorrada porque el hábito demuestra y mejora la autodisciplina, que también puede utilizarse en otras áreas.

TRANSFORMA TUS PENSAMIENTOS EN ACCIONES

¿Cómo podrías aprovechar mejor tu "tiempo libre" esta semana para que lo que haces como ocio contribuya a tu progreso profesional o a tu éxito empresarial?

16

EL HÁBITO DE LA SALUD[1]

El cuerpo físico es una "casa" que el Creador dispuso para que sirviera de morada a la mente. Es el mecanismo más perfecto que jamás se haya creado y prácticamente se mantiene por sí mismo.

Tiene un cerebro que dirige toda la actividad corporal y recibe y procesa todas las percepciones sensoriales. El cerebro es el órgano que coordina toda la percepción, el conocimiento y la memoria en nuevos patrones que reconocemos como pensamiento. Es el órgano más poderoso y el menos comprendido del cuerpo.

El cerebro realiza todos sus servicios de forma automática, pero hay ciertas acciones que las personas pueden llevar a cabo para ayudar al cerebro a mantener una buena salud física. Este capítulo describirá esos mecanismos de ayuda.

1. ACTITUD MENTAL

Una buena salud física exige una actitud mental positiva. Comienza con una conciencia de buena salud, igual que el éxito financiero comienza con una conciencia de prosperidad. Nadie puede disfrutar de una buena salud

1. Estas recomendaciones para una buena salud son obra de Napoleon Hill, que no era profesional de la medicina. Por favor, consulta a un profesional médico licenciado antes de hacer cambios en tu estilo de vida, rutina de ejercicios o dieta.

física sin una conciencia de salud. Para mantener una conciencia de salud, uno debe pensar en términos de buena salud, no en términos de enfermedad. *Porque todo aquello en lo que la mente se detiene, la mente lo trae a la existencia, ya sea el éxito financiero o la salud física.*

El psicólogo francés Emil Coue recomendaba una fórmula práctica para el mantenimiento de una conciencia de salud: "Día a día, en todos los sentidos, estoy cada vez mejor". Sugirió que esta frase se repitiera miles de veces al día hasta que la mente subconsciente la recogiera, la aceptara y empezara a llevarla a su conclusión lógica en forma de salud plena.

Para mantener una actitud mental positiva adecuada para el desarrollo y mantenimiento de una conciencia de salud plena, la mente debe mantenerse libre de pensamientos e influencias negativas mediante la autodisciplina y los hábitos adquiridos. No debe haber quejas, culpas, miedo u odio, todos los cuales perjudican a los órganos digestivos.

2. HÁBITOS ALIMENTICIOS

Este tema merece un libro entero, pero como hay muchos buenos libros sobre el tema, nos limitaremos a unas pocas recomendaciones sencillas que están en la lista de lo que "debe" hacer todo el que desee disfrutar de una buena salud:

1. No se debe comer en exceso.
2. Hay que comer equilibradamente, con una buena proporción de frutas y verduras.
3. Hay que comer y beber despacio.
4. No se debe picar dulces entre horas.

5. No se deben tomar bebidas alcohólicas.
6. Cuando no se puedan obtener todas las vitaminas y minerales necesarios de los alimentos, se debe tomar un suplemento vitamínico diario.
7. La mente debe estar condicionada y preparada para comer. No se debe comer nunca cuando se está enfadado, asustado o preocupado.

3. RELAJACIÓN

Relajación significa la liberación completa del cuerpo y la mente. En particular, implica despejar la mente de todas las preocupaciones, miedos y ansiedades. Todo el mundo debería dedicar al menos una hora al día a relajar intencionadamente el cuerpo y la mente.

La relajación para gozar de buena salud requiere una media de ocho horas diarias de sueño. Cuando dormimos, nuestro cuerpo se repara a sí mismo, y la mente subconsciente se pone a trabajar afinando todo el organismo de forma general. El tiempo de sueño no puede ser desperdiciado o empleado para otros fines durante mucho tiempo sin causar graves daños al cuerpo físico.

Debe dedicarse al menos una hora al día a algún pasatiempo o juego, preferiblemente al aire libre y al sol, para romper el ritmo de la rutina diaria. Aquí, como a la hora de comer, la actitud mental debe ser positiva, optimista y agradable.

4. ELIMINACIÓN

Existen cuatro vías para eliminar los residuos del cuerpo: (1) los pulmones, (2) la piel, (3) los riñones y (4) el sistema gastrointestinal. Cada uno de estos sistemas debe mantenerse en buenas condiciones y ser revisado periódicamente para garantizar su correcto funcionamiento. En particular, el funcionamiento del sistema gastrointestinal es de gran importancia para las personas, ya que una mala digestión puede acabar con el entusiasmo, socavar la facultad de la imaginación, conducir a la desesperanza y la desesperación, destruir la ambición y la iniciativa personal, y causar irritabilidad que perjudica las relaciones personales.

5. ESPERANZA

La buena salud inspira esperanza, y la esperanza inspira salud. La esperanza se inspira en un Propósito Principal Definido. Es algo natural para las personas que se dirigen a algún lugar en la vida, saben adónde van, tienen un plan para llegar allí y se ocupan de llevar a cabo ese plan. Aquellos que están llenos de la esperanza de lograr su propósito principal son tan felices que no tienen lugar en su mente para el miedo, la preocupación o la duda.

Averigua cómo funciona tu cuerpo. Estudia las combinaciones de alimentos que requieren tu sistema digestivo particular y tus hábitos de trabajo. Sé moderado en tus hábitos alimentarios. Sé autodisciplinado en todos tus hábitos. De esta manera, expresarás tu más alta forma de gratitud hacia tu Creador.

PUNTOS CLAVE

- Puedes ayudar al cerebro a mantener una buena salud:
    - Manteniendo una actitud mental positiva y pensando exclusivamente en términos de salud, nunca de enfermedad.

- Tomando comidas equilibradas de alimentos nutritivos en un ambiente tranquilo y positivo.

- Dormir ocho horas por la noche y relajar intencionadamente el cuerpo y la mente al menos una hora al día.

- Garantizar el buen funcionamiento de los pulmones, la piel, los riñones y el sistema gastrointestinal.

- Cultivar la esperanza a través de la búsqueda de tu Propósito Principal Definido.

TRANSFORMA TUS PENSAMIENTOS EN ACCIÓN

Determina qué cambios puedes hacer en tu dieta y estilo de vida para mejorar tu salud física. Después, ¡ponlos en práctica!

17

LA FUERZA CÓSMICA DEL HÁBITO

La Ley de la Fuerza Cósmica de los Hábitos es el punto culminante de toda la filosofía del logro personal. Es la Llave Maestra de los principios descritos anteriormente, y sus beneficios sólo están al alcance de aquellos que dominan y aplican las instrucciones de los capítulos anteriores.

Antes de describir la Ley de la Fuerza Cósmica del Hábito en detalle, quisiera compartir los beneficios que ofrece a quienes se aplican a ella:

1. Comprenderla y aplicarla puede liberarte de miedos y limitaciones autoimpuestas, ¡permitiéndote tomar plena posesión de tu propia mente!
2. Puede ayudarte a alcanzar la libertad económica en la vida, siempre que sigas las instrucciones de los capítulos anteriores.
3. Puede ayudarte a dominar la mayoría, si no todas, las principales causas de las condiciones físicas que conducen a enfermedades y dolencias.
4. Puede limpiar tu mente de condiciones negativas, allanando el camino para el estado mental conocido como Fe.

La Fuerza Cósmica del Hábito es una aplicación de energía mediante la cual la naturaleza mantiene la relación existente entre todos los elementos del universo: átomos, estrellas y planetas, estaciones del año, noche y día, enfermedad y salud, la vida y la muerte. Más importante para nuestros propósitos es que es el medio a través del cual se mantienen todos los hábitos y las relaciones humanas y el medio a través del cual el pensamiento se traduce en su equivalente físico.

La naturaleza mantiene un equilibrio perfecto entre todos los elementos de materia y energía en todo el universo. Una parte de la gran ley que mantiene este equilibrio es la ley de la gravedad, que mantiene a nuestra pequeña Tierra en su posición correcta y hace que todos los objetos materiales sean atraídos hacia el centro del planeta. Si Newton hubiera ido unos pasos más allá, podría haber descubierto que la misma ley que mantiene a nuestra pequeña Tierra en el espacio y la relaciona con todos los demás planetas en el tiempo y el espacio es la misma que relaciona a los seres humanos entre sí en conformidad exacta con la naturaleza de sus propios pensamientos.

Esta ley es la responsable de que los hábitos de pensamiento de una persona perduren. Explica por qué los pensamientos negativos atraen circunstancias negativas y los pensamientos positivos atraen circunstancias positivas. La naturaleza utiliza esta ley para obligar a todo ser vivo a adoptar aspectos del entorno en el que vive y se mueve diariamente, convirtiéndose así en parte de él.

Si los pensamientos dominantes de una persona son de pobreza, la ley traduce esos pensamientos en términos físicos de miseria y necesidad. Si, por el contrario, los pensamientos dominantes de una persona son de riqueza, la ley los transforma en su contrapartida física. Los humanos construyen el patrón a través de sus pensamientos, pero la Fuerza Cósmica del Hábito moldea ese patrón en su semejanza física y lo hace permanente.

"Pero, ¿cómo puede una ley de la naturaleza transformar la nada en algo?", se preguntarán seguramente algunos. "¿Cómo puede esta ley convertir pensamientos de opulencia en riquezas materiales?".

El método por el cual la Fuerza Cósmica del Hábito convierte un impulso positivo o un deseo mental en su equivalente físico es simple. Simplemente intensifica el deseo en un estado mental conocido como Fe, que nos inspira a crear planes definidos para el logro de lo que se desea, los planes se llevan a cabo a través de cualquier método natural que la capacidad de las personas puede ordenar.

La Fuerza Cósmica del Hábito no trata de convertir el deseo de dinero directamente en un saldo bancario más elevado, pero pone en marcha el mecanismo de la imaginación, a través del cual se proporcionan los medios más eficaces para traducir el deseo en realidad en forma de una idea, plan o proceder concretos.

Esta fuerza no hace milagros, no intenta crear algo de la nada, pero ayuda a las personas —o más bien las obliga— a actuar de forma natural y lógica para convertir los pensamientos en su equivalente físico, utilizando todos los medios naturales a su alcance que puedan servir a su propósito.

La fuerza actúa sin que las personas sean conscientes de ello. De repente, una idea se presentará en la mente de las personas en forma de "corazonada", y les inspirará tanta fe que comenzarán inmediatamente a actuar en consecuencia. La persona desarrolla una actitud mental positiva, de modo que las ideas relevantes fluyen en su mente con más libertad, los planes que crea son más definidos y sus palabras tienen más influencia en otras personas. La "corazonada" es simplemente un deseo al que se le ha dado la intensidad necesaria para que la Fuerza Cósmica del Hábito se haga cargo de él y le dé el impulso necesario para convertirlo en una idea o plan de acción definido. A partir de ese momento, las personas tienen que actuar por su cuenta, aprovechando las oportunidades y contactos que se les presenten para llevar a cabo su deseo.

A veces, las personas se sorprenderán de que tantas circunstancias parezcan estar trabajando a su favor, pero en realidad, los sucesos extraños e inexplicables ocurren a través de procedimientos perfectamente naturales. Lo que las personas no pueden ver ni comprender es el método por el cual la Fuerza Cósmica del Hábito otorga a sus pensamientos el poder de superar todas las dificultades y alcanzar fines aparentemente inalcanzables. La Naturaleza aún no ha revelado su secreto.

La mejor de todas las formas conocidas de adaptarse a la influencia positiva de la Fuerza Cósmica del Hábito se da a través del principio de la Mente Maestra, donde dos o más mentes se coordinan en un espíritu de perfecta armonía para el logro de un propósito definido. Este procedimiento tiene el efecto de despejar el camino para que la Fuerza Cósmica del Hábito actúe directamente sobre los pensamientos asociados con el objeto de la reunión.

La Fuerza Cósmica del Hábito está directamente relacionada con otros tres principios importantes a través de los cuales se convierte en el factor más importante en la vida de las personas. Dos de estos principios se relacionan con la forma en que opera la fuerza, y el tercero es el principio principal por el cual el poder de la fuerza puede ser redirigido y convertido a un fin productivo. Estos cuatro importantes principios relacionados son:

1. **La Fuerza Cósmica del Hábito,** el principio a través del cual la naturaleza obliga a todos a asumir y formar parte de las influencias del entorno que controlan su pensamiento.
2. **La deriva,** el hábito de indiferencia mental a través del cual las personas permiten que el azar y las circunstancias fijen en ellas las influencias del entorno.
3. **Tiempo**, el elemento con el que la Fuerza Cósmica del Hábito entreteje los pensamientos dominantes de las personas y las influencias de su entorno y los transforma en obstáculos o en peldaños según su naturaleza.

4. El único medio que las personas pueden utilizar para controlar el funcionamiento de la Fuerza Cósmica de los Hábitos es la **Definición de Propósitos.**

Cada éxito es el resultado de los hábitos diarios del pensamiento. La fuerza puede ser comparada con un gran río, una mitad fluye en una dirección, llevando a todos los que derivan en él a un fracaso seguro, y la otra mitad fluye en la dirección opuesta y lleva al éxito y el poder a todos los que están a su alcance. El río es la mente humana, y la fuerza que fluye en dos direcciones opuestas es el poder del pensamiento, siendo el lado del fracaso de la corriente el pensamiento negativo y el lado del éxito el pensamiento positivo. La fuente de poder que mantiene el río fluyendo es la Fuerza Cósmica del Hábito.

• • •

Mientras puedas formar y expresar tus propios pensamientos, tienes el poder de cambiar las circunstancias de tu vida a lo que desees que sean.

• • •

Ni el éxito ni el fracaso son el resultado de la suerte o el azar. Antes de seguir leyendo, permíteme advertirte: el conocimiento que estás a punto de adquirir te privará para siempre del privilegio de recurrir a coartadas para explicar tus fracasos. Nunca más podrás decir que la vida no te dio oportunidades, porque sabrás con seguridad que mientras puedas formar y expresar tus propios pensamientos, tienes el poder de cambiar las circunstancias de tu vida a lo que desees que sean.

Vas a hacer otro descubrimiento excepcional en relación con esta fuerza: aprenderás que "cada fracaso trae consigo la semilla de una ventaja equivalente". Y te darás cuenta de que cada experiencia, cada circunstancia de tu vida es un potencial trampolín o un obstáculo, debido totalmente a la manera en que reaccionas a la circunstancia en tu propia mente. De hecho, tus únicas limitaciones son las que estableces en tu propia mente, y ésta puede eliminar todas las limitaciones que establezca. Puedes ser "el dueño de tu destino, el capitán de tu alma" porque puedes controlar tus propios pensamientos.

Aprenderás que el fracaso es uno de los métodos de la naturaleza para liberar la Fuerza Cósmica del Hábito y liberar la mente para un nuevo comienzo. A gran escala, la naturaleza puede utilizar la enfermedad, la guerra y la crisis económica para romper el control de la Fuerza Cósmica del Hábito y permitir que una nación se restablezca.

Los fracasos de la vida se deben a que las personas han caído presas del hábito de ir a la deriva. La Fuerza Cósmica del Hábito los lleva a lo largo de este camino a la deriva hasta que el tiempo fija el hábito permanentemente, después de lo cual no puede haber salida, excepto a través de alguna catástrofe que rompa los hábitos establecidos y dé a la gente la oportunidad de avanzar con Determinación de Propósito.

Quiero que veas que estás donde estás y lo que eres hoy debido a las influencias que han llegado a tu mente a través de tu entorno diario, más el estado mental en el que has reaccionado a estas influencias. Quiero que veas y comprendas que puedes moverte con Propósito Definido y hacer que tu entorno se adapte a ti, o puedes dejarte llevar por las circunstancias y permitir que tu entorno te controle.

En ambos casos, la Fuerza Cósmica del Hábito es una fuerza irresistible que no puedes eludir. Te lleva rápidamente hacia una meta determinada si tienes una y si estás definitivamente decidido a alcanzar esa meta, o si no la tienes te obliga a ir a la deriva con el tiempo y las circunstancias hasta que te conviertes en la víctima del azar que se cruza en tu camino.

Todo lo que vale la pena tener en la vida tiene un precio determinado. No es posible obtener algo a cambio de nada. Y estoy dispuesto a explicar por qué cada cosa deseable tiene un precio que hay que pagar, pero no puedo transmitir esta información a quien no está dispuesto a admitir sus propios defectos. Todo el que tiene éxito debe combinar de algún modo los principios de la filosofía de la realización de las personas. El poder que da vida y acción a estos principios es la Fuerza Cósmica del Hábito. Cada vez que una combinación de estos principios se ha utilizado eficazmente, la ley se aplicó de manera inconsciente. Pero ahora que conoces esta ley y cómo funciona, puedes utilizar estos principios de logro para crear hábitos deseables y llevarlos a cabo voluntariamente hasta que la Fuerza Cósmica del Hábito los recoja y los lleve a cabo automáticamente hasta su fin lógico.

Ahora ya tienes un conocimiento práctico de la LLAVE MAESTRA de todas las riquezas. Usa la llave para abrir la puerta a las riquezas que buscas, ya sean espirituales, mentales o materiales.

PUNTOS CLAVE

- La Ley de la Fuerza Cósmica del Hábito es la Llave Maestra de la filosofía del logro de las personas, y sus beneficios están a disposición sólo de aquellos que han dominado los otros dieciséis principios.

- La Fuerza Cósmica de los Hábitos es la ley natural que mantiene todos los hábitos y relaciones humanas y el medio a través del cual los hábitos de pensamiento se hacen permanentes y se traducen en su equivalente físico. Relaciona a los seres humanos entre sí, consigo mismos y con el mundo, en conformidad exacta con la naturaleza de sus pensamientos.

- La mejor manera de adaptarse a los mecanismos de la Fuerza Cósmica del Hábito es a través del principio de la Mente Maestra, porque permite a la Fuerza Cósmica del Hábito actuar directamente sobre los pensamientos relacionados con el propósito de la reunión.

- El tiempo es el mecanismo a través del cual la Fuerza Cósmica del Hábito entreteje tus pensamientos dominantes y las influencias de tu entorno y los transforma en peldaños o en obstáculos según su naturaleza.

- Puedes controlar la Fuerza Cósmica del Hábito a través de la Definición de Propósito, o puedes ir sin rumbo por la vida y permitir que el azar y las circunstancias dicten tus resultados. No hay excusas para el fracaso; en última instancia, tú controlas tus circunstancias a través de tus hábitos de pensamiento.

- El fracaso puede ser una oportunidad valiosa para "reiniciar", rompiendo el control de la Fuerza Cósmica del Hábito y permitiendo que se formen nuevos hábitos. Es la única manera de superar los hábitos destructivos que han sido convertidos en permanentes por la Fuerza Cósmica del Hábito Transforma tus pensamientos en acción.

TRANSFORMA TUS PENSAMIENTOS EN ACCIÓN

Acepta la responsabilidad de tus resultados. Decide crear dos nuevos hábitos de pensamiento constructivos que te ayudarán a conseguir tu objetivo principal y comprométete a ponerlos en práctica diariamente para que la Fuerza Cósmica del Hábito te apoye en tu camino hacia el éxito.

¡ GRACIAS POR LEER ESTE LIBRO!

Si alguna información le resultó útil, tómese unos minutos y deje una reseña en la plataforma de venta de libros de su elección.

¡REGALO DE BONIFICACIÓN!

No olvides suscribirte para probar nuestro boletín de noticias y obtener tu libro electrónico gratuito de desarrollo personal aquí:

soundwisdom.com/español